地理老師的私房旅行路線

——漫行中國大西部

章小明——著

目次

序

《漫行》即將出版之際，作者章小明老師囑我為之作序，我有幸成為本書最早的讀者之一。在應付繁雜俗事之餘，斷斷續續讀完全書，在意念中尋著章老師的所行、所聞、所思、所悟，回想起自己一直未能踐行的「踏遍青山人未老」的少年壯志，時而欽佩，時而嚮往，時而羨慕。

作者以優美的文字，記敘自己的親歷親聞，娓娓道來，領著讀者深入中國西部的西藏、青海、新疆、四川、雲南、貴州，走進東南亞的泰國、柬埔寨，漫步家鄉銅陵，欣賞那些讓人魂牽夢縈的山水風光與人文景觀。

西部僅僅是荒涼的嗎？作者以高昂的筆調，揭開了上蒼給西部的另一副面孔。那裏有比黃山還美的雪山，有中國最高、最美的湖泊，有世界最深的大峽谷，有跌宕起伏遼闊的高山草原，有晶瑩剔透各種各樣的山嶽冰川……雪山連綿，雄鷹傲翔，牧歌悠揚，即便是沙漠，也會是駝鈴聲聲。

千百年來，受傳統影響，這美麗的畫卷，由於東部的經濟強大和文化的影響力，佔據著中國的統治地位，從而牢牢地控制著話語權，致使西部這美麗的畫卷，藏於深山之中，難以展開，不為人所知。

感謝作者，以自己的辛勞和勇氣，掀起了西部的「蓋頭」來，在作者的筆下，美麗的畫卷被緩緩地打開，把東部看不到的獨特之美，一一展現在讀者眼前。

除此之外，那高峰深峽，天湖壯瀑、奇峰異洞、熱帶風光、異域風情、家鄉氣息……隨著讀者的翻閱，這一幅幅優美的畫面撲面而來。

《漫行》奉獻給讀者的，最寶貴的並不是對景觀的描述，而是作者滲透字裏行間的深思和感悟。作者以地理的視角，審視景觀的特點，分析景觀的成因，解讀景觀蘊藏的原理；並全身心融入其中，時常縱情忘形，進入天人合一之境。當夢寐以求的奇景突然呈現眼前，他激動、歡呼、手舞足蹈；當見到大好景觀因人為破壞而面貌不整時，他憂慮、歎惋、傷心落淚。這是一顆對大自然充滿摯愛的心！

無限風光在險峰——《漫行》對此作了很好的詮釋。雪域高原自駕遊，家鄉西南徒步考……路途之險惡、艱辛、勞累，令讀者心悸而不敢步其後塵，可想作者具有何等的熱情、勇氣和毅力啊！品讀《漫行》，讀者還可學到確定目的、選擇路線和交通工具、安排行程等地理野外工作的基本方法。

地理就在身邊。這需要我們用「地理的視角」多走、多看，以親近自然，擴展「身邊」的範圍；更需要我們用「地理的頭腦」多思、多悟，以認識自然，感悟人地關係的真諦。我想，這是《漫行》給予讀者，更是給予地理老師的啟迪。

高俊昌

2012年12月14日於人民教育出版社

引言

地理是有魅力的。以地理的視角來漫行天下，會使這一魅力更回味無窮，她不僅讓我們看到了這世界華麗的外表，更讓我們看到了這精彩紛呈、華麗外表的背後所隱含的深邃內涵。而這「內涵」的充實，會提升我們的精、氣、神，讓你大徹大悟，拋開一切雜念，回歸人的最初本性。

「魅力」產生了力量，「視角」提升了思想。視角是有廣度的，有自然的，也有人文的，更有情感的；視角是有深度的，有淺，也有深，這深淺取決於我知識的力度。我力求用「地理視角」來捕捉這山山水水、大千世界，並把它滲透到我的字裏行間。

我所做的，就是我嚮往的，我能做到嗎？我做到了嗎？在此書出版之際，我要感謝已退休在家頤養天年的資深語文教研員金偉中先生。他非常仔細認真地閱讀了書稿，花了很多時間精心修改，提出了許多中肯的建議。

我還要感謝我的父親。他雖是學歷史的，但喜愛地理，在中學任教員的多數時間裏，教的也是地理。受他影響，從小耳濡目染，是他培養了我對地理的興趣，並引導我最終選擇了地理專業。不幸的是在本書出版的過程之中，他因病離我而去。掩卷追思，請允許我謹以下文和此書來悼念我的父親在天之靈：

在天寒地凍的東北大雪中，忽然傳來爸爸去世的噩耗，悲從天降，淚湧胸中。您走得這麼突然，完全沒有準備地就這樣悄然離我們而去，這真的讓我難以接受，但殘酷的現實就是如此，自然的規律是無法抗拒的。

在從東北返回銅陵的途中，父親陪同我一起走過的五十多年的路程，一幕幕閃現在我眼前。

父親章慎之一出世就沒有了父親，六個月就從王家抱到了章家，因為是抱來的，自幼受盡了家族的歧視，是奶奶拉扯著您，歷盡人間風雨。孤兒寡母，相依為命，成長的道路充滿了我們這輩人難以想像的苦難。這些坎坷的身世也鑄成了父親剛正不阿，疾惡如仇，心地善良的道德品質。當媽媽被打成右派，在那個黑暗的政治年代，多少家庭為此被拆散時，您卻為了我們兄弟有一個完整的家，不離不棄。在您飽受世人的冷漠眼光中，我們卻既有了父愛又有了母愛。您的治學嚴謹，淡泊名利，一身正氣和傲骨，踏踏實實做人，不虛度時光的人生態度，也時時地感染著我，影響著我的人生道路。

我和您相處生活的一段時間是在淮南，那是我的整個中學的五年時光，您一個人帶著我生活、學習。十四到十九歲，正是我長身體、長知識，人生觀、價值觀形成時期。在我們美好相處的日子，您是一個管大事不管小事的人，對我可以說是粗放式培養，這種「放養」式的教育，能夠使我自由而歡快地成長。但在大事上，您又牢牢地把關，從決定我到淮南上中學、下放農村，到離開農村，放下農活，到淮南專門複習及結婚成家，可以說，在人生十字路口上的每一個關鍵點位，您都做出了戰略性的正確選擇。您既是我的父親，又是我的良師益友。

毫不誇張的說，沒有您的引導，就沒有我的大學生涯，也就不會有我今天的幸福家庭。我永遠不會忘記：在我結婚時，您給我們留下的做人、做事及怎樣對待工作、對待家庭、對待鄰居、對待老少的瀟瀟灑灑，涉及方方面面的四字箴言，「老牛舐犢，骨肉情深；……，敬老愛幼、鄰里和睦……」仍在我耳旁回蕩；永遠不會忘記：在我兒子誕生之日，您風塵僕僕，拎著滿滿一籃雞蛋前來祝福，手抱孫子的幸福畫面，仍歷歷在目。

爸爸，今天您雖然走了，但您留下的人生觀與做人做事的準則和態度是一筆巨大的財富，它就像一盞明燈，至今仍在照耀著我在人生的道路上前行。我一定好好珍惜這筆寶貴的財富，並將它傳給我的兒子、孫子、重孫子……

爸爸，您走得如此匆忙，如此的平靜，不留一點聲息，使我們有準備，又沒有準備。有準備是因為近幾年您出現大腦智力障礙，身體各器官也出現了快速衰退。我和弟弟雖然竭盡全力，想方設法，但也無回天之力，只能痛苦地接受現實，無奈地看著您一步步走向生命的盡頭。

親人間最大的痛苦莫過於情感的無法交流和溝通，我、孫子及家人每一次所獲得的成績，得到的幸福，您都無法分享，這樣的狀態持續了近五年，也是我們內心受煎熬、受折磨的五年。

沒準備，是因為您走得太突然。在您生命的最後時刻，我沒有守在您身邊，盡我最後的一次孝道，為您送終，即使搶救無效，我也心無遺憾。我的內心在不斷地自責，我無法擺脫，無法原諒，無法接受我回家後人去樓空的淒涼。那天，向您告別去東北時，您是那麼平靜，絲毫看不出有任何前兆，誰知，此之一別，竟成永別。

二〇一二年十二月三十一日凌晨，一年中的最後一天，您走完了您的一生，我也永遠失去了爸爸。多麼懷念我們在一起相處的日子，今天我更深深地體會到了要珍惜和親人在世的每一天，因為失去了就永遠不會再來。

爸爸，永別了。這篇悼文寫於從東北返回銅陵的途中，不願寫在火車上，而是寫於距地面萬米高空的飛機上，目的是想離你在天堂更靠近些，讓您能夠時刻感受到我心靈的顫動。

遙望長空，俯視茫茫白雪大地，爸爸，您聽到了兒子的呼喚嗎？

輪行雪域高原

冥冥之中，對遙遠的青藏高原始終有一種夢中的召喚，吸引著我前往。二〇一二年的暑假，我終於美夢成行。

本想先由南京乘火車去拉薩，然後再由拉薩租車去西藏各地考察，這對五十六歲的我來說要輕鬆多了。但是，進藏的火車票實在太難買了，提前十四天網上訂票，可每次一打開電腦總是無票、無票……太令人失望了！看來，是該死的旅行社壟斷了票源。

無奈，我做出了一個大膽而冒險的舉動：先乘火車去蘭州，再由蘭州租車，自駕前往西藏。這一計畫，遭到家人的強烈反對。想想也是，人煙稀少，天高地遠的荒郊野外，單獨行車六千多公里，萬一車子途中拋錨了怎麼辦？出現了嚴重的高原反應怎麼辦？遇到自然災害，道路塌方、被泥石流衝擊、懸崖飛石擊中等，怎麼辦？更可怕的是出了交通事故又怎麼辦？那可是孤立無援，叫天天不應，叫地地不靈啊。現在想起來，確實後怕，晚上睡覺，那驚險的場面還不時地衝擊著我，讓我從夢中驚醒，令我毛骨悚然。但骨子裏對西藏的嚮往，雪域高原的誘惑力，最終沖淡了家人的擔憂，蕩平了一切「怎麼辦」，條件是要聘請司機，不允許自駕。

我嘴上答應，但「將在外，軍令有所不受」，何況我們有三人輪流開車，請個司機多不自在。再說了，在高原開車既愜意又有一種征服感，這難得的精神享受豈能倒貼錢賣給外人呢？後來的事實證明，在高原大家都搶著開車，我不得不下達嚴格的指令：為了安全，每人輪換只准開兩小時。

我們的行動計畫是：由蘭州開車經西寧、青海湖南線，一天趕到格爾木，路程八百公里。格爾木海拔只有兩千八百米，到後休整一天，目的是適應未來的高海拔環境，並檢查車輛。然後，用一天時間翻越崑崙山，走青藏線到達拉薩，行程一千兩百公里。在拉薩遊玩、休整兩天，根據情況決定去納木錯湖還是赴林芝。若去林芝，行程約四百多公里。在林芝除掉拉薩至林芝的路上時間，還必須待三天，前後要消耗五天時間。因為從林芝出發有兩條方向不同的考察線路，一條向南走崗派公路去雅魯藏布大峽谷和南迦巴瓦峰，來回要一天時間，住林芝；一條向北、向東走318國道到波密、然烏湖，行程三百二十多公里，沿途考察魯朗林海、米堆冰川等，必須在然烏湖住一晚，第二天得用一天時間趕回林芝。從林芝我們將從原路踏上返回的路程，不過，到格爾木後，我們將選擇青海湖的北線到蘭州，沿途考察萬丈鹽橋和察爾汗鹽湖及青海湖北岸情況。

應該說，我制定的這一考察計畫，性價比還是比較高的。從時間上來說不會超過二十天，從質量上來說內容豐富，有《中國國家地理》組織資深專家評選的中國最美的十大（或六大）自然景點多集中於此，如中國最美的山、最美的大峽谷、最美的草原、

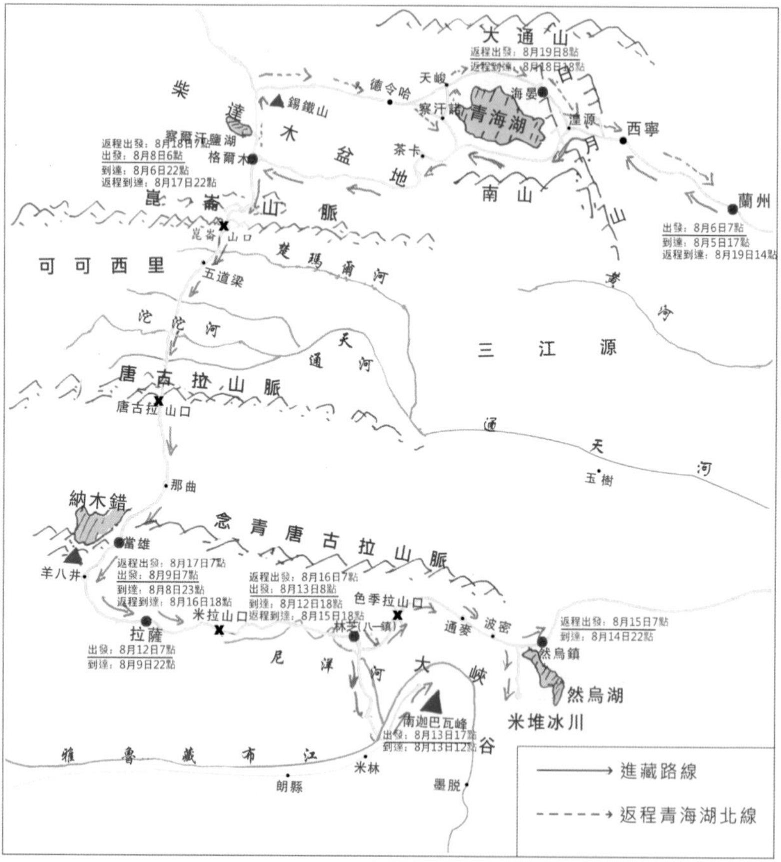

我們的自駕考察線路景點示意圖

注：起點蘭州，終點然烏鎮。返程走原路到格爾木，然後，走青海湖北線到蘭州

最美的森林、最美的湖、最美的冰川等。

這樣的美景大餐，怕的就是難消化了。

八月四日，這是一個終身難忘的日子，靠日夜守在電腦前的毅力，提前十天，我，何書文和褚軍、陸彥萍夫婦四人終於從網上買到了合肥去蘭州僅有的四張臥鋪火車票，帶著對高原的憧憬，我們踏上了西行的征程。

高原啊，雪域高原，等待我們的將會是什麼呢？

進軍格爾木

八月五日下午五點多，火車經過一天的奔跑，我們到達了蘭州。一下火車，沒有江南夏日的悶熱，氣候非常的涼爽，涼風習習，毛孔暢通，身心都非常的舒服，這在家鄉根本是享受不到的，看來這大陸性氣候和空氣的乾燥並不是一無是處的。

住店、聯繫租車、驗收車況，忙活到晚上十一點多，才安定下來。車子是美國道奇，性能尚可，但算不上真正的四驅越野。事實證明，跑青藏還是差了點。由於時間太晚了，也不太懂，就沒有調換了。租金是每天五百五十元。

第二天一早，我們品嘗了蘭州牛肉拉麵，味道特別好。當地人告訴我們：在蘭州吃拉麵，不需要找品牌店，分佈在大街小巷的眾多拉麵館，任何一家味道都不錯，沒有什麼差別。確實如此，我去過蘭州多次，走進任何一家牛肉拉麵館，其味道都正宗地道。但據說，一離開蘭州，這牛肉拉麵的味道就變了，只有在蘭州，才能品嘗到貨真價實的牛肉拉麵。這就是地域的力量，這地域的差異，既有自然的，也有人文的。你想，山水變了，氣候變了，這食材的質地會不變嗎？在蘭州，拉麵已完全融入普通百姓的生活，每天吃拉麵，就像喝水一樣自然而然，對蘭州人來說，生活中不能沒有拉麵。這就是為什麼小小的一碗蘭州拉麵一旦漲價，每每會引起軒然大波，全城上下議論紛紛，因為這涉及到千家萬戶。長長的拉麵已把蘭州人的情感拴得緊緊的，他們對拉麵價格的變化十分敏感。面對這樣的市場氛圍，牛肉拉麵師傅們能不憋足勁，從內到外的精心打造嗎？而在外地，舌尖上缺乏這樣的氛圍，靠無精打采的師傅又怎能烹製出地道正宗的蘭州牛肉拉麵？

七點整，我們告別了蘭州，在熙熙攘攘的車流中，沒有人知道我們的目的，汽車越過了黃河大橋，向著青海西寧方向疾速前進，首站：格爾木。

這是一條標準的高速公路，蜿蜒在湟水谷地中。汽車緩慢地爬升，路牌告訴我們，此高速一直可通到湟源縣。於是，我們決定，不進西寧城區，向西繼續前進，直逼湟源。這大大節約了時間，從蘭州到湟源約兩百五十多公里，我們九點多一點就到了湟源。湟源是一個三岔口，交通繁忙，分南北兩線繞青海湖進青海腹地。湟源西面就是日月山，翻過山，就能看見青海湖了。日月山，柔和平緩，不是那麼雄偉高大，但她卻是一條重要的自然、人文地理分界線。在青海她是狹義的季風區與非季風區的界線，對這

向西越過日月山，就進入了遼闊的草原牧區。

青海湖是中國最大的鹹水湖和內陸湖，被《中國國家地理》評為中國第一美湖，此時，南岸的油菜花、北岸的草原如同巨大的松脂，將遠方的青海湖這一自然造就的精靈包裹在懷中。微風掠過湖面，草香、花香瀰漫上空。

我們在柴達木盆地見到的野駱駝。

一界線，這次我體會很深：山的東面湟源縣為農耕區，人丁興旺，而一到山的西面，其景觀馬上就變成了草原，牧區遼闊，人煙稀少。回程時，我們住在緊靠日月山西側的海晏縣，晚八點多一點，昏暗的大街上就空無一人，十分冷清。這就是夏季風的力量，它影響著一地雨水的多少，繼而影響著大地、影響著人們的生產生活方式。

我們選擇了青海湖南線前進，汽車開始爬坡，日月山坡度不大，我們很快就越過了日月山，來到了青海湖濱。一望無際的草原，大片的油菜花，湛藍的天空，朵朵的白雲，立刻進入了我們的視野，空氣好爽啊。由於高原，氣溫季節的差異，我們家鄉的油菜早已收割，但青海湖邊的油菜花此時正綻放著。藍天、白雲、青山、綠草、黃花、漫山遍野的牛羊及遠方望不到邊的墨綠色湖水，在微風的輕拂下，構成了一幅天然的動態山水畫。這一畫面，使得初次見到高原景色的何書文老師興奮無比，連說「不虛此行，不虛此行」，我說：「這僅僅是序幕，大幕才剛剛拉開，好景還在後面呢。」

在湖邊，用完自帶的中餐，沿湖邊１０９公路繼續西進。青海湖甩在了身後，連續要翻越橡皮山等好幾個海拔三千多米山脈，才進入狹義的柴達木盆地。在它的東南面有好幾個小盆地，我們走了一個又一個，過了茶卡很長一段路，才開始進入它的主盆地。然後，一條筆直的公路，沿著崑崙山脈，在盆地的南緣，一直向西到格爾木。此時，已近黃昏，夕陽西下，火紅的太陽把西邊的雲彩燒得萬紫千紅，我們追趕著太陽，向著太陽沒入地平線的方向前進！

柴達木盆地，給我的感覺地表既荒涼又浩瀚無邊，太大了。汽車開了一個小時又一個小時，始終望不到盡頭，天色已黑，夜幕降臨，茫茫荒漠，唯有我們的小車在跳動，只有左側巨大的崑崙山脈黑影伴隨著我們。疲勞向我們襲來，九點左右，遠方終於出現了片狀的燈光，那就是格爾木市，那就是希望，好一個那城就在燈火闌珊處！我們來了勁，十點整我們平安到達格爾木市。

算算八百公里路程，用了十五個小時，確實難以理解，因為路上停留的時間也不多。唯一的解釋是海拔高、山路多，只能慢行。看來內地的兩百公里與高原山區絕對不是一個概念，這也給我們今後行程計畫安排提供了參考。連續坐車十五個小時，這是大家頭一次經歷，感覺很累，有點吃不消。看來在格爾木休整一天很有必要。

格爾木市，位於崑崙山北麓，格爾木河畔，青海的第二大城市。城區不大，道路很整潔，綠化也不錯。建議一定要品嘗烤羊肉串和老酸奶。羊肉串很便宜，一元一串；酸奶味道純正，純自然的，當地產的，沒有放任何添加劑，一小碗四元，像嫩嫩的水豆腐，清爽醇厚，吃起來非常爽口潤心，通身舒服。

柴達木盆地也不全是不毛之地，這是它東部的水、草、天。

青海湖畔的交通安全警示。十年前我就見過，今天再次相逢，已是鏽跡斑斑。

通向天堂的哈達——「天路」

「那是一條神奇的天路唉……」韓紅的歌，在耳邊迴蕩。八月八日，休整了一天的我們，翌日在黎明前的黑暗中，伴著歌聲，開始了向西藏高原的挺進。

沿著格爾木河切開的谷地，前方巨大的崑崙山黑影離我們越來越近，天剛剛發白時，我們終於看清了她的面目，投入了她的懷抱。崑崙山，東西走向，橫貫亞洲中部，有「亞洲脊柱」和「萬山之祖」的美譽。山脈全長兩千五百公里，平均海拔五千五百到六千米。從我們前進的方向望過去，由於相對高度大，突顯山勢雄偉。又由於植被稀少，只有少量的草簇稀稀拉拉的點綴著，受風化的影響，因而顯現山巒稜角分明，鐵骨錚錚，充滿力量，很有骨感。我開玩笑地說：「如果說日月山是女人，是母親，那崑崙山就是男人，就是父親。」

汽車在崑崙山腹地中，轉來轉去，終於看到了崑崙山冰川、雪峰。清晨的陽光照射在上面，如同鍍了一層薄薄的鎦金，閃著璀璨的光芒。約三個小時後，由北向南穿過很

在崑崙山腹地中，仰望巍巍崑崙。

有厚度的山體，我們來到了位居大山南緣的崑崙山口。

一下車，忽覺頭重腳輕，力不從心，跌跌撞撞，心有點慌。噢，原來是高原反應。是啊，格爾木海拔只有兩千八百多米，而崑崙山口的海拔高達約四千七百六十七米，短短的三個小時，我們一下子上升了近兩千米，身體顯然不適應。據專家研究：在高海拔地區，每天上升兩百米，是人體比較適應的速度，而我們的這種快速攀升，當然有強烈反應。我告誡同伴：一定要緩緩地行走。

崑崙山口，有索南達傑的紀念碑，有藏羚羊雕塑等。從此往南，一路上雪嶺冰川形影相伴，海拔均在四千兩百米以上。由於相對高度小，所有的高山都如同丘陵，雲彩湮沒了眼前的山丘，白雲浸入了遠方的地平線。路掛雲端，車在雲中穿行，分不清何為天，何為地。你說，這不是「天路」又是什麼？「天路」，再也找不到比它更恰當的稱呼了。要知道她是世界上平均海拔最高的公路，放在我們東部任何一個地方，都會高懸在我們頭頂。此時，回望崑崙山脈，沒有了氣勢，只顯現出一個帶狀的鏈條山丘，如同一扇圍牆在廣袤的大地上延伸。是冰川雪嶺提醒著我，它是有海拔高度的，東部的任何一座山，都會被它踩在腳下。

下崑崙山口，很快就進入了可可西里草原。一望無際的可可西里草原，草並不茂盛，但是它很大，且有很多清澈的小水塘，更重要的是沒有人定居，氣候嚴寒，複雜多變。這不剛剛還是晴空萬里，現在卻下起雨來。這一大片地區，對人來說無法生存，但對藏羚羊、野犛牛等大型野生動物來說卻是天堂。在公路旁，我們不時地看到三五成群的藏羚羊在自由地活動。應當感謝大自然的殘酷，使之成為無人區，避免了人類對羚羊的干擾，使藏羚羊的生存有了空間。

車過五道梁，可可西里才慢慢消失。另一種地表景觀呈現出來，這就是長江源頭的沼澤濕地。河、湖接天連地，分不清是河、是湖，辮狀水系的河流在高原面上緩緩地流

感謝大自然對可可西里的殘酷，殘酷使人無法定居，卻使藏羚羊能夠無拘無束，瀟灑自在地生活在這片「天堂」的土地上。這是一個生命綻放，野生動物自由生活的樂園。

青藏公路上冒雨前進的驢友。

長江源頭沱沱河，遠方為青藏鐵路過河大橋。

曲折的河流在那曲草原打了幾個大大的「問號」，問蒼茫大地為何如此多嬌？

人間會有這樣的「仙境」嗎？在唐吉拉山口，面對這童話般的世界我茫然無語。

為了藏羚羊遷徙，青藏鐵路留下了許多類似的通道。

動，咋一看，還以為是江南的濕潤水鄉。楚瑪爾河、沱沱河、通天河，這些長江源頭一一出現，唐吉拉山口附近的雪山已進入眼簾，山口已近在眼前。

此時，高原反應在同伴身上逐漸強烈，陸彥萍老師一言不發，緊閉雙眼，鼻子上一根吸氧管維持著氧氣的暢通。何書文老師頭痛難忍，臉色發黑，嘴唇發紫。我呢，還算不錯，反應有，但不強烈。這可能與我此次出行準備有關，要知道，沒有哪一次外出，有這次準備充分。找資料，研究攻略，備衣服、備藥品，光藥，在家就吃了十多天的抗高原反應的紅景天、西洋參，這些現在可能都起了作用。

下午一點左右，我們終於登上了海拔五千兩百三十一米的唐吉拉山口，極目遠望，草原平坦，山丘連綿，湖泊點點，冰川近在眼前。沒有感覺到唐吉拉山的高大，是強烈的高原反應，移步極為困難，提醒我們唐吉拉山的偉大，不能小覷。何書文老師匆匆照完相後，便癱坐在車子裏休息，不願下車。

高海拔山口，不能久留，照完相，便一路下坡，向安多、那曲、當雄駛去，此時的地表景觀與唐吉拉山以北截然不同，草生長得比可可西里茂密多了；雪峰冰川下，河谷寬廣，河流曲折，沼澤遍佈。谷底鋪滿的綠草，一直蔓延到滿山坡上，整個大地如同披上了一層綠色的地毯。藍天白雲下，犛牛、羊群遍佈群山、河谷，悠閒自在。白色的藏式建築、帳房點綴在綠草之中，這如詩一般的牧區畫廊，從唐吉拉山開始一直到當雄結束，這就是著名的那曲高寒草甸草原，又被稱為南羌塘高寒草原，是西藏重要的牧區。秀美遼闊的那曲草原，被《中國國家地理》評為中國最美的六大草原之一。

有人說走「天路」青藏線單調，提不起精神，很乏味。這怎麼會呢？沿途，她不僅地表景色多變，山巒、雪嶺、荒漠、草原、動物、水域變幻莫測，天空的雲彩也多姿多樣。這一幅幅變換的天然山水畫，就足以讓你陶醉；更何況旅途還有青藏鐵路相隨，火車相伴，不時地見到在風雨中騎著自行車行進的驢友，以及匍匐長叩、向著拉薩用身體丈量信仰的虔誠朝佛者。

自然環境雖然嚴酷，但阻擋不了人們對精神生活的追求。圖為唐吉拉山北腳下的雁石坪鄉，兩個藏民正在玩桌球。

這種自然與人文交叉出現的畫面，太豐富了，在某種程度上會使你忘記疲勞。

「天路」的路況又如何呢？雖說高，但相對高度小，很少見到我們東部山區翻山越嶺的「之」字型盤山公路，更沒有什麼穿山隧道。公路平直，柏油路面，彎道很少，視野開闊，一眼就可以望到很遠的前方，這一點與川藏線的３１８國道彎多，坡度大完全不一樣。但也正是因為高海拔，公路受凍融作用的影響，路面變得高低起伏，在唐吉拉山的南北兩側，尤為突出，雖然採取了一些人為措施，但效果並不明顯。也正是這「起伏路」顛得我們五臟六肺都要出來，彈上彈下，頭不斷碰到車頂，不僅影響車速，又加劇了我們的疲勞。

晚上九點多，我們才到達海拔四千五百多

青藏公路沿線有許多兵站，這是當雄兵站。回程時，我們在此住了一夜。

米的那曲，離拉薩還有四百多公里。我們已行車十五個小時了，疲勞至極，高原反應仍在發酵，以這樣的速度至少還要七個小時才能到拉薩。天高夜黑，這太不安全，太冒險了，這也是我們體能所不能承受的。只能改變計畫，住當雄。

為什麼不就近住那曲呢？因為在格爾木聽一個常跑西藏人說，他在西藏許多地方都沒有高原反應，唯獨在那曲住了一晚，第二天就起不來，上醫院打點滴了。這真讓我們「聞那曲色變」，咬咬牙也要趕到當雄過夜。後來的事實證明，凡是在那曲過夜的遊客，強烈的高原反應均讓他們徹夜難眠。那曲到當雄約兩百公里，黑夜、黑路，黑的密不透風。地廣人稀，缺乏燈光照射的高原黑夜，太濃厚、太稠密，什麼也看不見，車窗外朦朧隱約的影子疑似萬丈深淵，有點讓人恐懼，好在我們四人在一起可相互壯膽。黑暗的原野上，黑夜緊緊地包裹著我們的小車，只有車的燈光像兩把利劍撕破這漆黑的寒冷夜空，射向前方。隨著這把「利劍」對黑暗的不斷上下劈砍、挑撥，當雄離我們越來越近。何書文老師克服疲勞與頭痛，以高度的責任感，用了三個多小時，謹慎駕駛，晚上十一點多，終於抵達海拔四千三百多米的當雄。

此時，我們行車已十七多個小時，累得東倒西歪，拎著行李在高原上三樓住宿，如同拎著幾百斤的重物翻一座大山，每挪動一步都氣喘吁吁，只能咬著牙停停走走。此時，意志力是第一位的，靠意志來戰勝一切。我忽然深深體會到：登山運動員的偉大，生活在高原民族的偉大……那一晚的當雄讓我想了很多，很多。當雄距拉薩不到兩百公里，勝利在望了。

青藏鐵路橋下，一頭野犛牛正向我們俯衝而來。

高原飯店的走廊上都備有氧氣瓶，以防不備。

與天神耳語的天湖——納木錯湖

納木錯湖高高在上，意為「天湖」，湖面海拔約四千七百一十六米，是中國第二大鹹水湖，湖水來自念青唐吉拉山融化的冰雪。在當雄有一條公路通向那裏，約六十公里，但要翻過一座海拔五千一百九十米的那根拉山口，才能到湖邊。我們計畫上午去納木錯，下午去拉薩，既順道又不浪費時間。

車行五六公里，我們就到了納木錯景區大門，不湊巧，裏面出了交通事故，正在清理，需要等待。誰知，足足等了三個多小時才放行。汽車一進大門就開始爬山，半小時後我忽然發現，油箱指示燈顯示油箱沒油了。真晦氣，在大門口等了那麼長時間都不知道加油，現在沒辦法只能調頭回當雄縣加油，因為景區是不可能有加油站的，盲目上去，是回不來的。在當雄加好油，吃完中飯，已近下午兩點鐘了，我們又重新向納木錯湖進發。那根拉山坡度太大，汽車似乎也有了高原反應，在昨天一整天的高原行進中，發動機故障燈已顯示出來。今天，也許實在太累了，仍擺脫不了高原反應的夢魘，發動機發出怪叫的聲音，即使油門怒吼，也只能緩慢地爬動。快近山口時，忽然車子上不去了，油門已踩到底，它仍紋絲不動。情急之中，我只能一鬆一踩，採用點油門的方式，車子終於稍微有點挪動。按我們的術語就是：拳頭收回來，打出去才有力量。就這樣，一鬆一踩，汽車喘著粗氣拼命叫著，終於爬到了那根拉山口。

站在那根拉山口上，俯視腳下的納木錯湖，猶如一個形狀規則的藍寶石靜靜地嵌在山丘雪嶺之中，湛藍一片。我們急不可待地向湖邊衝去，誰知上山坡險，下山同樣如此，我不停地踩剎車，控制車速。險情也就是在此時醞釀，由於長時間地剎車，導致剎車片過熱，剎車系統突然失靈，怎麼踩剎車板也踩不下去，車速無法降下來。心慌著急，眼看與前面的車越來越近，幸虧，是一段稍平的路，我用盡力拼命踩剎、靠邊、拉手剎，終於使之停了下來，避免了一場追尾事故。下車檢查，也看不出什麼問題，只好採用褚軍老師的辦法，試著用礦泉水把四個輪子剎車片澆了個透，使其降溫。你還別說，這一招還怪靈的，重新上路，剎車基本正常了。

我們沿著湖邊公路，直接開到了深入湖中的扎西多半島。停車場離湖邊有兩百多米的路程，我們緩緩地向湖邊走去。近了，我終於觸摸到納木錯湖水了，嚐了一口，不怎麼鹹，比青海湖淡多了。平靜清澈如藍寶石一樣的湖水，似無邊的錦緞直鋪對岸雪山

我們的車子爬山了坡度近45度的那根拉山，真不容易。

老阿媽與年輕的藏民正在朝拜聖湖。

腳下，岸邊連綿的念青唐古拉雪山上空，綻放出連綿的朵朵白雲，它們不規則地或沿湖岸，或向湖的上空飄蕩。藍天白雲，雪嶺冰川，倒映其中，相互輝映，使之平添了幾分豪氣，彰顯其摩天接雲的天湖本色，朦朧著天湖與「神山」念青唐吉拉山的天神情意綿綿，竊竊私語的意境。如此高雅、聖潔、靈氣、離天神最近的湖能不成為藏族人心目中的「聖湖」嗎？

我想，納木錯的美，不僅僅體現在她與天最近的自然美，還有她的人文美。湖邊山丘高掛的經幡，隨風舞動；虔誠的拜佛者，不為遊覽只為轉湖朝聖，他們臨湖而跪，雙手合十，感激「聖湖」，寄託「聖湖」，人與湖融為一體。從科學角度來說，納木錯是兩百萬年前由喜馬拉雅山運動斷裂凹陷而形成的巨盆，後因西藏高原氣候逐漸乾燥，湖面大為縮減，現存的古湖岩線，至今仍清晰可見。正是這些緣故，納木錯被《中國國家地理》評為中國最美的六大湖之一。

在世界海拔最高的「天湖」，蹲下站起來，頭都眩暈，不是我們凡人久留之地，一個小時後，我們惜別納木錯，重上那根拉山口，開始奔向拉薩。

爬上了海拔5190米的那根拉山口，藍寶石的湖面忽然出現，會讓你驚喜不已。

平靜清澈如藍寶石一樣的湖水，似無邊的錦緞直鋪對岸雪山腳下，藍天白雲，雪嶺冰川，相互輝映。此刻，天湖與神山的「天神」正情意綿綿，竊竊私語。

冰與火的相融

離開當雄，遠方的地平線上漸漸湧出一列雄偉的雪山，那就是著名的念青唐古拉山脈。

隨著車的前進，我們由東向西欣賞念青唐古拉雪山冰川景觀，西下的陽光投射在雪峰冰川上，由於角度的不斷變化，雪峰冰川的色彩也變幻莫測，一會兒呈金黃色，一會呈乳白色，一會兒色澤細膩潤滑，一會兒又凝脂厚重。雪峰下，豐沛的高山雪水哺育了西藏最肥美的高寒沼澤濕地草場——當雄草場。但見綠草如茵，帳房點點、牛羊成群，好一派牧區的風光。我把眼光再一次投向不遠處的雪峰冰川，觀察著第四紀冰川侵蝕與堆積作用造成的冰川遺跡，清楚地看見山脊線上，矗立著一叢叢角峰、一排排刃脊，山脊線下，是一個個冰斗、一道道冰川U型谷。兩百萬年前，這裏如同極地一樣，為一片純淨的冰雪世界。

海拔七千多米的念青唐古拉主峰冰清玉潔。

沐浴來自地下深處的熱水，仰望雪嶺冰川，有一種水火相融的愜意。

隨著念青唐吉拉山脈漸漸遠去，右前方騰起一團團巨大的白霧，那就是羊八井地熱地區。我們的汽車拐了進去，只見雪山腳下，到處是白霧沖天，一股股一團團，那是地下熱水在壓力的作用下，沖出地表形成的蒸汽，我彷彿看到了地下滾滾的岩漿。

地熱資源在西藏極為豐富，那是因為它處在歐亞板塊與印度洋板塊的交接處，地殼活動異常強烈，岩漿活動頻繁。在羊八井，地熱體現得更為充分，類型多樣，有溫泉、噴泉、地熱湖、地熱蒸汽等，比比皆是，被稱為地熱博物館。

這些地上的冰雪與地下的岩漿在西藏的大地上共存相融。它們用火一般的熱情與涓涓融水共同造福西藏。躺在露天溫泉池中，仰望皚皚雪峰藍天，剎那間，人與天、天與地、冰與火完全融為一體，和諧共生。

活著的聖城和殿堂

八月九日晚上，我們抵達了拉薩。夜晚的拉薩車水馬龍、燈火輝煌，和內地的城市沒什麼兩樣，但第二天陽光照射在拉薩城區時，我忽然發現，拉薩城依然保持了鮮明的藏族風格，沒有摩天接雲森林般的高樓大廈。多層的，白牆紅簷，鑲著黑邊窗子的藏式建築佈滿了全城。毫無疑問，拉薩沒有承襲中國東部城市那種大拆大建、魯莽式的大刀闊斧般的城市建設，也沒有生搬硬造出一座座怪模怪樣的建築和空洞碩大的廣場，而是遵循著歷史的脈絡，保留著古城文化的特色。這種獨有的「古」，氣質別樣，沒有斷代，只有成熟。拉薩城內寺廟眾多，大街小巷隨處可見手握金黃色轉經筒，默默念著箴言的朝聖者。每個虔誠的信徒一生的追求就是能到拉薩朝聖，這是他們最值得驕傲的事情。川流不息的朝聖者，活躍在城內各個角落。

拉薩，一個充滿活力，個性十足，保留著歷史的資訊和足跡的城市。

布達拉宮與大昭寺是眾多朝佛者要去的目的地，也是我們重點選擇的參觀點。可布達拉宮一票難求，每天限制參觀人數，必須先預約後購票。褚軍老師早晨三點多鐘就跑到布達拉宮排隊預約，在他前面已有兩百多人了，他們中的多數都是夜裏搭帳篷在此睡覺排隊。還算運氣不錯，我們領到了第二天下午兩點的四人預售票單。

我不懂藏傳佛教，但被信徒對布達拉宮和大昭寺的敬仰和虔誠，深深地感染著。

布達拉宮依紅山而建，主體建築分白宮和紅宮，看起來不像建築物，更像是一座紅白相間的山峰，從大地上生長出來，順著山勢生長，完全與山結合在一起生長。它起源於大地，又雄居於大地的核心。莊嚴、神聖、雄偉、崇高、偉大，對於藏人來說，她是一個崇高的宗教象徵和精神生活的載體，對我及常人來說，又有一種征服的力量。

進了布達拉宮，如同進入迷宮。她的建築精巧，文物貴重，壁畫燦爛，佛像眾多，靈塔輝煌都讓我佩服得五體投地。我不敢想像，建造這樣一個宏偉建築，需要多少人力、物力，更何況還有那麼博大精深的藏文化凝聚其上。在中國有哪一個少數民族能留下如此輝煌建築？統統都沒有。而地處嚴寒高原，地廣人稀，含氧量不足平原百分之六十的藏民族，在這惡劣的環境中，卻創造了如此燦爛的文明。這是一個多麼強悍的民族，多麼令人敬佩的民族啊！無怪乎布達拉宮吸引了不僅西藏還有世界各地的朝聖者對

歷史上無數的宮殿死去了，成為廢墟，喪失了生命力，而布達拉宮繼續活著，活在過去與未來之中。她生於大地，長於大地，與天地共存。

藏傳佛教已完全融入他們的生活，滲入他們的血液，進入他們的骨髓，成了生命的組成部分。如同呼吸一樣，自然而然。每天，在大昭寺門前都聚集著成群的拜佛者，執著地重複一個動作，虔誠表達自己的心願 。

費力登上之字型的階梯，才能進入布達拉宮。

大牆下，布達拉宮悠長的轉經筒，時刻準備著為人們的心靈超度。

它的追求崇拜。

歷史上，無數的宮殿死去了，成為廢墟，喪失了生命力，而布達拉宮繼續活著，自松贊干布創建到五世達賴復建，一千三百多年來，她一直引領著人們的精神生活，不朽地屹立於世界屋脊之上，活在過去與未來之中。

在大昭寺，這活著的聖殿進一步地感染著我。大門口、高牆下，成群的男男女女，面朝大昭寺長磕俯臥，站起禱告，再長磕，再俯臥，反反覆覆做著同一個動作。這種儀式的莊嚴和美感超凡脫俗，勝過任何一種行為藝術。大昭寺內，有兩條參觀隊伍：一條是遊客隊，人不多，鬆鬆垮垮，前進很快；另一條是朝聖的香客隊，長長的隊伍排得密密麻麻。在佛像前容不得他們多停留，但見佛必拜，又迫使隊伍只能緩慢地移動。每個香客都手拎器皿，有水瓶，有保溫桶，裏面盛滿了酥油。像蠟燭一樣的酥油燈，插在盛滿酥油的大盆裏，在香客源源不斷供應酥油中，靜靜地燃燒著、跳動著、閃爍著，沒有煙霧，只有淡淡火苗伴著酥油香，瀰漫在廟宇大庭中。溫馨、肅穆、莊重……

一千多年的大昭寺頂部平臺。

這就是大昭寺，佛教的生命之河長流不息。在文成公主於一千三百多年前從漢地帶入的釋迦牟尼十二歲赤金等身像前，這「河流」達到了高潮，人頭攢動，高高的佛像前，只見一個僧侶忙著把朝聖人手中的酥油一個接一個倒入酥油桶中。佛像慈祥、和藹、金光閃閃，注視著眼前發生的一切。這尊佛像是千百年來所有來聖城朝佛者的終極目的，也是聖城中心的中心。

浪漫瑪姬阿米

瑪姬阿米是一位美麗的藏族少女，瑪姬阿米又是八廓街上一個頗有名氣的酒吧，她坐落在八廓街一個岔路口上，三面臨街。淡黃色的三層小樓，在周圍白色藏式建築的襯托下，很是醒目，牆上掛著少女瑪姬阿米的畫像。

我們出大昭寺已近中午，慕名瑪姬阿米，一路尋來。一樓是廚房，二樓、三樓是餐廳。順著窄窄的木製樓梯我們來到三樓餐廳，餐廳面積不大，書架上堆滿了來自世界和中國各地遊客的留言本。透過臨街大玻璃窗，可觀察到不同方向八廓街上熙熙攘攘的人流，陽光透過玻璃灑在餐廳地毯上，折射出一縷淡淡的光澤，很溫馨、很浪漫。

我們之所以選擇瑪姬阿米酒吧，是被一段動人的愛情故事所感動。三百多年前的六世達賴倉央嘉措，才華橫溢，由於種種原因，五世達賴圓寂後的十五年，他才作為轉世靈童即位。十五年的民間生活，使他對民間世俗更為瞭解。森嚴的宮廷生活，鎖不住他對民間的嚮往，鎖不住他對愛情的追求。至今流傳在民間的歌謠正是他作為「情僧」

米黃色的瑪姬阿米酒吧，坐落在八廓街上一處岔路口上，很醒目，很別致 。

透過瑪姬阿米酒吧臨街大玻璃窗，可觀察到八廊街上熙熙攘攘的人流。

的真實畫像：「喇嘛倉央嘉措，別怪他風流浪蕩，他所追尋的，和我們沒有兩樣。」但政治鬥爭是殘酷的，在位不到十年，作為政治鬥爭的犧牲品，被廢黜驅逐布達拉宮，客死在押京途中的青海湖畔，享年只有二十三歲。他是唯一在布達拉宮沒有靈塔的達賴，但「靈塔」立在人們心中。他與民間少女瑪姬阿米的愛情故事口口相傳，他不顧世俗的反對，教派的桎梏，冒著風雪，與心上人瑪姬阿米祕密幽會。傳說今天的瑪姬阿米酒吧就是當年倉央嘉措在民間尋找至尊救世度母，與少女瑪姬阿米相遇的地方。他是現代版的「不愛江山愛美人」的西藏王子。至今倉央嘉措寫的多首情詩、情歌，爭論其情歌也好，道歌也好，是他寫的或不是他寫的也好，人們把這些都歸附於他。三百年來，優美、深情的詩歌在廣袤的西藏大地上廣為流傳，提醒著人們：無論悲歡離合，都要從靈魂的淨土出發，去擁抱煙火的人間，也折射出人們對純潔愛情的嚮往和追求。

我坐在餐廳裏，放眼望去，都是年輕人，他們為愛聚集在這裏，為尋找真愛聚集在這裏。吟誦著優美的詩歌，沉醉於倉央嘉措超越世俗的情詩中，我這顆老心似乎也被啟發，浪漫起來，在書架上找到我們安徽的留言本，奮筆疾書：「永遠的瑪姬阿米！」

附：倉央嘉措情歌三首——

在那東山頂上，升起了皎潔的月亮。
美麗姑娘的面容，浮現在我心間。

如果不曾相見，人們就不會相戀。
如果不曾相知，怎麼受著相思的熬煎。

那一天，
閉目在經殿的香霧中，驀然聽見你誦經的真言。
那一月，
轉動所有的轉經筒，不為超度，只為觸摸你的指尖。
那一年，
磕長頭匍匐在山路，不為覲見，只為貼著你的溫暖。

那一世，
轉山、轉水、轉佛塔呀，不為修來世，只為在途中與你相見。

天空的美麗

在高原享受的美，是一種立體的美。從上到下，從左到右，從前往後，美無處不在，用陸彥萍老師的話來說，就是隨便朝那個方向拍一張照片都是美景。而我更為欣賞的是，由於是高海拔、高透明、無污染、無雜質，在別處根本看不到的雪域高原天空的美麗，這是一桌豐盛的視覺盛宴。

一是藍天白雲。湛藍湛藍的天空如水洗一般藍得透明澄澈，沁人心脾；白雲潔白無瑕，質地如同埃及長絨棉，又如同蠶絲，輕輕撕一塊，似乎雲斷絲連。這種藍天白雲，在我們內地是根本看不到的。二是雲的高度、距離、形狀和厚度。她忽高忽低，忽近忽遠，近在眼前，遠至出沒地平線；一會兒如萬馬奔騰，一會似蘑菇雲升空，一會兒又有黑雲壓城城欲摧之勢。變幻莫測的雲彩，使天空呈現出一幅一幅動態的畫卷。三是雲的色彩變化。早、中、晚由於陽光照射的強度，角度不同，天空中的雲顯現出不同的色彩組合，她們把天空打扮得花枝招展，如同進入一個花店，琳琅滿目，讓你目不暇接。

光瀑布。

四是雲彩與陽光的結合。一縷陽光穿透雲層的縫隙，形成光柱，穿越天空，直射大地，一束束，一條條，從天而降，似高山流水，又似雷射噴射，我把她稱之為「光瀑布」。五是雲層與山的纏綿。或在山前，或在山峰，飄忽不定，獨來獨往；或在山後，噴湧而出，席捲蒼天；或從群山叢中，如柱升空，似火山噴發，又似狼煙四起。六是寂靜的夜空，滿天的星斗。寧靜、眨眼、伸手可摘。

天空的美麗，除自然外，還體現在五彩繽紛的經幡。即紅、黃、藍、綠、白的五色經幡，象徵著太陽、大地、藍天、綠草、白雲。他們把經文印製其上，在山坡、在山口、在吊橋、在山隘高高地懸掛，以此表達對自然的崇拜。隨風舞動的彩色經幡，把天空妝扮得更加美麗。

雪峰上的飛碟雲。

隨定向風飄動的旗雲。

清晨，從加拉白壘
山上流淌下來的瀑布雲。

平地一聲起驚雷。是亂雲飛渡，還是原子彈爆炸？

隨風舞動的彩色經幡，使天空有一種動態美。

陽光穿透雲中縫隙，水銀般地傾瀉而下，形成鏤空的「光瀑布」。

無需經歷風雨，就能見到彩虹。是大地的森林提供充足的水汽，使高原強烈的太陽輻射可見光露出她真實的面目。遠方為加拉白壘峰及上空的帽狀雲，彩虹內外兩側的天空也存在明顯的亮度差異。

風起雲湧掠大地，一孔藍天似天湖。

蓋山雲似戰機呼嘯而過。

薄紗一樣的蠶絲雲輕撫著長相如佛的大山。

尼洋河，我心中的河

八月十二日，在拉薩休整、遊覽了兩天後，我們沿川藏線（318國道），開始了向「西藏江南」——林芝八一鎮的挺進。

汽車出拉薩城，沿拉薩河東行，不知不覺就到了海拔五千零一十三米的米拉山口，此時，高原反應在我們身上已基本消失，大家興致很高，勝似閒庭信步。

米拉山口是西藏一條重要的地理分界線，高大的米拉山阻礙著印度洋的水汽向西深入，致使山口東西兩側的景色大不相同。向東一過米拉山口，地勢急劇下降，植被逐漸茂密起來，江南水鄉的氣息撲面而來，這是因為受季風影響，風借地勢，印度洋水汽頻繁光顧的結果。從山口到八一鎮短短的三百公里左右，海拔迅速降到三千米不到。

沿米拉山口向下，我深深體會到水是生命之源，海拔是生命之基礎。你看在米拉山口之西，降水稀少，海拔高，呈現的是高寒荒漠草原景觀，而一過米拉山口，隨著海拔高度的降低，雨水的增多，山青水秀的江南風光就立馬呈現出來。

一條大河呈現在眼前，她就是尼洋河。自過米拉山口後，我就注意到在寬闊的谷地草叢中，就有了她身影，那是大地沼澤的點點滲水。那涓涓細流，很快就發展壯大，由不起眼的小溪、小溝變成一條寬大豐滿的大河，歡快地向下游奔騰著。

尼洋河是美麗的，美在河水清澈透底。由於兩岸森林茂密，河流含沙量幾乎為零。青山綠水，碧波蕩漾，吊橋悠悠。

清風碧波，吊橋悠悠。

尼洋河下游的風光，婀娜多姿。春天裏，沙洲桃花盛開，風情萬種。

是中流砥柱，還是浪遏頑石？

尼洋河是有激情的，激在她勇往直前，奔湧不息。後浪趕著前浪，唱著歡快的歌，把一腔熱情拋灑在大地，拋灑在雅魯藏布江裏。

尼洋河是有力量的，力在她可以沖毀一切。河岸兩側的巨石，河中巨大的頑石，都擋不住她的去路，激起的浪花只歎趕不上她前進的步伐。

尼洋河又是溫柔的，柔在她到了下游，一改上游洶湧澎湃的面目，緩緩地流動，致使下游河叉眾多，形成許多大小不同形狀各異的沙洲。到了春天，沙洲上桃花盛開，呈現出綠水映桃花，十里花相隨的景象。此時的尼洋河更加嫵媚動人，猶如小家碧玉。

從米拉山口到八一鎮，始終有這樣一條美麗、氣質高雅的大河伴隨著我們，她窈窕的身姿忽而出現在我們的左側，忽而跳到我們的右側。青山腳下，綠水纏繞，開著車子，沒有疲勞，只有享受。喜悅之詞，從我心底裏迸發出來：

尼洋河，我心中的河。
自你走出米拉山口，
季風哺育了你，
青山淨化了你。

涓涓細流，
終成滔滔大河。

尼洋河，我依戀的河。
浩浩蕩蕩，碧波清流，
你是一條藍色的哈達，
孕育出高原的「江南」。
桃花流水日千里，
沙洲隱隱似扁舟。

尼洋河，我崇拜的河。
你以清澈靈動撥動我心弦，
你以短暫綻放撼動我心神。
三百六十五里的宣洩，
中流頑石擋不住，
投身雅魯藏布江。

在尼洋河的吊橋上，美美地睡上一覺。邀清風拂面，聽背下流水，看藍天白雲，很是愜意。

見到南迦巴瓦峰，我哭了

南迦巴瓦峰被《中國國家地理》評選為中國最美的山，以九十四分的高分排在第一名，而黃山只有八十七分，屈居第五名。南迦巴瓦峰是我此行的最主要目的，她非常非常地令我嚮往。

六年前，兒子曾包車去過南迦巴瓦峰，走的是雅魯藏布江右岸，必須到直白村欣賞。他提醒我：「道路非常險，窄窄的山路，右邊是山，左邊是江，一定要小心。」為此，我反覆查閱地圖，發現雅魯藏布江左岸也有一條路，通向索松村，索松村與直白村隔江斜相望。當年《中國國家地理》就是在此拍攝南峰照片，索松村的好處是，隔著江可以把眼前的雅魯藏布江峽谷與遠處的南迦巴瓦峰結合在一個畫面上，這樣可以對比觀賞、拍攝。由於左岸的路況令我擔心，因而不敢貿然前行。後來發現百度地圖上雅魯藏布江上有兩座橋：一座在尼洋河入雅魯藏布江的左岸口邊，一座是在直白村上游的派鎮附近。我設想左岸路如果不行，要麼汽車輪渡，要麼過橋走右岸。後來的事實證明，輪渡已經取消，橋只有一座，而且不能通車。我之所以糾結線路，一是兒子先前說線路很險且路程遠，二是左岸的路是個近路。到了八一鎮，我們反覆問人，都說現在都走右岸了，路也修得很好。於是我們決定還是走右岸，沿著兒子六年前走過的道路前往南迦巴瓦峰。

早晨八點，汽車沿著尼洋河的右岸向南行駛，很快就到了尼洋河與雅魯藏布江的匯合處，尼洋河結束了她的行程。汽車又改為沿著雅魯藏布江的左岸向上遊行駛，一直到林芝機場過橋，再沿著雅魯藏布江的右岸下行，走了一個大大的「u」字型後，再次來到尼洋河與雅魯藏布江匯合之處。但見兩江之水一清一濁，相互包容，共同進入雅魯藏布江谷地。

汽車沿著江邊的公路繼續前進，應該說這條公路重修後不錯，柏油路面，雙車道。除了少部分是山地外，大部分都處在谷地的階地中。向左側下方望去，雅魯藏布江谷地寬廣，河水平靜地流淌著。

平靜之中，忽然陸彥萍老師一聲尖叫：「快看，遠方的山峰！」只見遠方高大連綿綠色的群山背後，聳立出一個尖尖的白色三角型金字塔，直沖長空，冷峻、剛毅，在藍天、青山的襯托下，她顯得那麼與眾不同，孤芳自傲。無疑，這就是我朝思暮想，海拔七千七百八十二米的南迦巴瓦峰。

人間會存在這樣的山嗎？一切來得太突然，我的心一下子被她抓住了，心靈受到強烈的震撼。興奮、激動、狂呼，淚水不由自主地從心底流出。要知道南迦巴瓦峰終年為雲霧籠罩，從不輕易視人，今天對遠道而來的我們，初次相見，就毫不吝嗇地敞開胸懷，這種大度怎不令我激動落淚？

登山家王石說：「她的與眾不同，在於總是藏在雲中難以看見，只有心誠的人才能一睹風采。」是我們真誠的心感動了她，還是幸運之神從天而降？我想可能是兼而有之吧。

隨著距離越來越近，南迦巴瓦山體越來越清晰。這是一組鋸齒狀的山峰，白雲裹著她，如潮湧動，靠右側最為凸起的便是南迦巴瓦峰。其形象恰如藏語所說「直刺蒼穹的長矛」或「雪電如火燃燒」，渾身上下，儼然一副王者風範。由於她的存在，使周圍所有景色都黯然失色。白雲在她前後忽閃忽現，飄忽不定。僅是轉眼間，漫捲的雲煙又遮蓋了她，欲再看時，卻只見天空流雲如幟，雲下群山含羞。她就是這樣，神祕而不可接近，難以捉摸。

派鎮，是她景區入口的大門，我們必須換乘景區車，才能深入腹地。景區內一共有五個景點，第一個景點大渡卡，是雅魯藏布江大峽谷的起點，至此，江水變得湍急，從

遠方清澈的是尼洋河，近處混濁的是雅魯藏布江。一清一濁相融合，既對比鮮明又難解難分，如相互纏綿的一對愛侶，共同流入右側的雅魯藏布江大峽谷。

冷峻、剛毅，甩開眼前的青山，直沖長空。你只與藍天作伴，與旗雲纏綿，高雅又高傲。讓我輩凡人只可遠觀，而不可褻玩焉。

南向北，在南迦巴瓦峰北側繞著南迦巴瓦峰做了一個馬蹄形的大拐彎，然後，依依不捨地南流而去，這就是著名的全球最深、最長、中國最美的雅魯藏布江大峽谷。這真是上帝最精緻的安排，像一對情侶，最美的峽谷，緊緊懷抱著最美的山，只有南迦巴瓦峰才配得上如此美麗的峽谷！美山美谷，相得益彰，怎不使其身價倍增，拔得頭籌？

此外，還有兩處景點最值得觀賞，一是車子下到最低處，與大峽谷親密接觸，聆聽咆哮江水。在此處觀看南迦巴瓦峰，更顯山勢威猛，氣吞山河。因為無論是絕對高度還是相對高度都達到了極限，短短不到十里的水平距離，海拔就從谷底千餘米，陡然升至七千七百八十二米，二者相差六千多米，望峰須仰視。也正是這巨大的落差高度和大峽谷的通道，使印度洋水汽得以深入腹地，造成南迦巴瓦地區植被垂直帶譜的豐富性和完整性。「雨林」和「冰川」在一座山峰中同時出現，被譽為世界山地類型的天然植物博物館。

另一個觀景點，就是最後的直白村，這是觀看南迦巴瓦峰的最近距離。風雲激蕩，南迦巴瓦峰雪白的高大身軀如泰山般壓來，令人陡然心驚，不敢高聲。難怪中日聯合登山隊直到一九九二年第三次發起衝擊，才登頂成功。

是自然的力量，造就了如此的高度。在大峽谷兩岸高高的剖面階地上，我看到了巨厚的河流沉積物，甚至形成了上百米厚的山地，屹立在河床兩岸，它們在默默地向我訴說著該地區地質史上的滄桑巨變：是強烈的地殼上升和河流的深深下切才形成了眼前這壯麗的景色。這一地區，由於相對高度差別大，看到的都是極高、極高的大山，凸顯藍天高空，觀山，須抬頭仰視。這一景觀，在高原的其他地區是不多見的。

南迦巴瓦峰，每一個中國人都應當知道的名字，因為南迦巴瓦峰之美、之雄、之氣勢、之霸氣，會讓你明白，這輩子遊覽的任何名山都是浮雲，都是無與倫比的。

至今回到家鄉，南迦巴瓦峰的雄姿在我大腦中仍揮之不去，我非常、非常地想念她，吟唱之詞常脫口而出：

南迦巴瓦峰，
見到你那一刻，
淚水奪眶而出。
疑是長矛刺南天，
更似雪電劈長空。

從雅魯藏布江面眺望南峰，相對高度最大，但由於眼前巨大的森林山體阻擋，使之「小荷」才露尖尖角，恰似一位含羞的少女，是含苞待放，還是深藏不露？

中國最美、世界最深的雅魯藏布江大峽谷，最大深度超過六千米。圍繞著南迦巴瓦峰，在北坡做了一個漂亮的馬蹄形拐彎後，依依不捨地向南流去。

南迦巴瓦峰，
你肌膚潔白，高雅出塵。
你身軀偉岸，唯我獨尊。
你聚男人的胸懷與女人的細膩，
笑看黃山，泰山。

南迦巴瓦峰，
與藍天作伴，
與旗雲纏綿。
群山對你仰視，
峽谷將你依戀。
我心中不滅的
南迦巴瓦峰，
我會終身把你懷念。

在離你最近的直北村，看你需仰視，不敢高聲。你那鋒利的戰矛刺向深邃的藍天，令人望而生畏；你那巨大的冰川，破雲而出，沿著莽莽蒼蒼的山谷直潛林海。

穿行在天然氧吧中

結束了對南迦巴瓦峰和雅魯藏布江大峽谷的遊覽，我們繼續向東沿318川藏線到然烏湖。沿途要經過色季拉山口、魯朗林海、「東方瑞士」的田園風光、扎西崗村、通麥天險、波密縣域、米堆冰川等，路程約三百二十公里。路程雖不長，但全是山路，彎道多，況且米堆冰川不在公路旁，必須離開318公路，還須徒步來回兩個多小時。這樣，我們就必須住然烏小鎮，來回兩天。

十四日早晨，天濛濛亮，我們就行駛在川藏線上。不一會兒，汽車就順著盤山公路，開始翻越色季拉山，但見山上森林茂密，顯然我們已進入了中國的第三大林區。站在色季拉山口，遠眺南迦巴瓦和加拉白壘等群山，只見雲濤翻滾；近看公路兩旁，樹木參天，筆直高大。到了魯朗更是鬱鬱蔥蔥，林海隨山勢跌宕起伏，陽光灑在山坡上，金子般的熠熠生輝。這種森林茂密的程度，越往東越突出，這是因為這裏的大山都是東西方向排列的，念青唐古拉山橫亙在川藏線的北面，喜馬拉雅山綿延在其南，又由於幾條

這是一條風景大道，森林、溪流相伴，汽車穿行其中，醉人的空氣，撲鼻而來，令人心曠神怡。

森林、草場、民居、溪流……井然有序，是東方的世外桃源，還是瑞士的一個小山村？

大河深切的峽谷，這就十分有利於季風和水汽的進入，引導來自印度洋的水汽，由東向西長驅直入，越往東，越受惠於印度洋水汽，降水越豐富，林芝最東邊的波密就成為西藏森林最茂密的地區。

感謝印度洋，感謝西南季風，感謝東西走向的山脈峽谷，正是你們的精巧組合，才打造出這茫茫綠色林海。

這一路都是秀麗的景色，坦蕩的草原谷地兩側，由上往下，雪嶺、森林、草原、小溪、民居、牛羊，錯落有致，這巧妙的組合恰似阿爾卑斯山風光。在扎西崗村，田野、草場又被木製的柵欄分割成一塊又一塊，村前有清澈的小溪、和煦的陽光、嫋嫋炊煙，又好似俄羅斯風光。陸彥萍老師說：「我最怕住農村，但這樣的村子，我願住一輩子。」是啊，久居城市的人，誰不嚮往世外桃源？

離開谷地，車子又行進在峽谷中，雪山、森林直逼眼前，公路邊就是溪流江水，很多路段，茫茫林海，遮天蔽日，公路就穿行其間，行車如同行駛在綠色的深海中。這真是天然氧吧，我們的車子就在這林子裏走了一個小時又一個小時，空氣是那樣的新鮮，我們打開車窗盡情享受自然的饋贈，深呼吸，讓肺得到一次徹底的清洗。

清晨的陽光，投射在大地上；嫋嫋的炊煙，緩緩地飄散在空中。扎西崗村開始奏響了俄羅斯田園牧歌的晨曲。

鋪天蓋地的大森林，把我們浸泡在巨大的天然氧吧中。

帕隆藏布江上的藤吊橋。

望著窗外一望無際的森林和那奔騰的江水，無意中，我把此段川藏線與青藏線作了一個小小的對比、總結。

青藏線平坦筆直，相對高度小，高山形如土丘。上五千米的唐古拉山口竟沒有盤山公路，更談不上隧道。觀景是平面視野，可遠望再遠望。川藏線可是起伏大，彎道多，忽上忽下。在山頂、俯視谷底，大河如線；在谷中，抬頭仰望，雪嶺若浮。觀景是立體視野，需俯仰再俯仰。

青藏線幾乎為南北走向，跨緯度廣，沿途水熱變化大，是看草的世界。青海湖邊草高茂盛，為溫帶草原；格爾木是荒漠及荒漠草原；到了可哥西里是高寒荒漠草原與高寒草原的過渡；翻過唐吉拉山則又變成了高寒草甸和高寒草原。

青藏沿線與草相伴，空氣中瀰漫著酥油茶的奶香味。

川藏線幾乎為東西走向，跨經度廣，沿途是看森林的世界。不僅要水平的看，看東西降雨量的差異帶來的森林植被差異，還要垂直地看，立體地看，看受高度、坡向的水熱差異影響，而形成的不同高度森林類型及不同坡向的植被帶譜差異。

川藏沿線與大山森林相伴，常有「萬山紅遍，層林盡染」的美景。

再說青藏沿線河流湖泊眾多，河流的溯源侵蝕尚未到達，自然的外力作用還不甚明顯，故水流緩慢，多辮狀水系，是中國的「水塔」，滋潤著中外大地；而川藏沿線地殼上升劇烈，氣候濕潤，河水的侵蝕下切十分強烈，故地形破碎，峽谷縱深。受季風降水變率大、雨量不穩定的影響，河水忽而急流奔騰，泥石翻滾，毀路沖地；忽而涓涓細流，柔似羔羊。與青藏線河湖相比，如此情緒不穩定的河流，打個不恰當的比喻：前者若是女人，後者則是男人；前者若是母親，後者則是情人。

這就是青藏線與川藏線不同的風格，不同的自然魅力。幸運的是：這兩條線我們都走過，美景盡收囊中。

通麥天險名不虛傳

路牌顯示，時速為5公里。此處懸崖壓頂，飛石墜落，急流濁水，這讓我們心理上產生了極大的恐懼。圖中，有兩位驢友快速通過。

要去米堆冰川，必須駕車過通麥天險，當年兒子東行就到此停步，打道回府。但我不甘心，米堆冰川對我來說，太有吸引力，況且出來一趟不容易，不去似乎有點前功盡棄的感覺。

我也知道，通麥天險地處雅魯藏布江大峽谷頂端，受強烈地殼運動影響，地形破碎，地質災害多，路肯定難走。誰知上了「天險」比想像的要險多了，緊挨著崖壁的公路非常狹窄，彎道特多，有時候幾乎連續的一百八十度轉彎上坡，路面也是坑坑窪

過這種架設在濁浪洶湧的木板吊橋，需要的不僅僅是勇氣、技術，更重要的是要具備良好的心理素質。

窪，稍不注意，底盤就不斷刮碰。更可怕的是公路上不時見到從山上墜落的大小石塊。右側下方幾十米深的帕隆藏布江怒濤翻滾，渾濁的江水一瀉千里，似乎要把我們一口吞噬掉，這急流怒吼的架勢在心理上更增添了我們的恐懼。

我們的車子由褚軍老師駕駛，隨著汽車的上下顛簸，他緊緊地握住方向盤，因為稍一放鬆，方向盤顛歪了，連車帶人就會墜入滾滾江中。忽然在一個拐彎處車子衝不上去，使勁加油，發動機咆哮著，但仍是輪子打滑不前進。此時，我們全車的人都很緊張無奈，褚老師說倒車再衝。正倒著，我大叫一聲：「不能再倒了，已靠江邊鬆土了，好險！」汽車再次衝擊，終於成功了。但我感覺每個人的心都懸著，神經絲毫沒有放鬆。汽車仍在掙扎前行，不斷地左拐右拐，上下亂蹦，生與死就在一瞬之間。

想著臨行前兒子發來的一則提醒短信，我真有點後悔冒這個風險。他說有三個河南人與自駕的三菱帕傑羅車一起，連車帶人在然烏湖、米堆冰川附近失蹤。近半個月了，至今仍下落不明（後來在檢查站，我們還見到了張貼三個人照片的尋人啟事）。說實話，要知道是這樣一條路，我是不會帶領大家前進的。現在，我心裏只能默默地禱告：車子千萬不要拋錨；車子千萬不要在錯誤的地點、錯誤的時間與錯誤的山上飛石相會；車子千萬不要滾到江裏，讓水沖走。褚軍，你千萬要小心駕駛，容不得半點麻痹大意……天險一路，我們始終都是處在這樣緊張的狀態之中度過的，歡聲笑語，蕩然無存。

褚軍的沉著駕駛和我的下車探路及命運之神的再次光顧，使我們終於衝出了通麥天險。短短的二十四公里，我們足足用了一個多小時。在波密，一位當地老者告訴我：他跑川藏線多年，就通麥這段是整個318川藏線上最險的。他告誡我：「如果下雨，是絕對不能走的。」啊，最險？我聽了非常吃驚，既興奮又憂慮，興奮的是我們戰勝了天險，將來對走整個川藏線心中有數了；憂慮的是，此路我們還要返回的，將再次經受生死風險關。在然烏住宿的整個夜晚，我都想著這條路，擔心著第二天我們能否平安返回，萬一有閃失，我們怎麼向家人交代？想著失蹤的三個河南人，生命如此脆弱。生命，我們的命難道就在此結束？後怕，絕對地後怕。我又擔心下雨，那樣，我們回程的計畫就全泡湯，預訂的火車票也將作廢。

蒼天有眼，第二天陽光燦爛，天氣很好，但我已玩興大減，只想著平安回家。然烏湖匆匆一瞥，就走上了返回的路程。通麥天險段，仍由褚軍駕駛，雖然我和何書文老師也有征服的欲望，但褚軍已走了一趟，積累了經驗。為了平安，為了生命，為了一家老小，我們只能忍痛割愛，由褚軍繼續掌舵。

兩次過通麥天險，兩次都心驚肉跳，兩次都有驚無險。放鬆的心情仍讓我回味在通麥天險之中，欣喜之餘，仍有後怕，不禁感歎道：

仰望懸崖壓頂，
俯視濁浪怒吼。
路窄傷痕道道，
七上八下彎急。

驚濤拍岸吞噬，
我自淡定從容。
齊心合力過關，
回望驚魂未定。

血染米堆冰川

下午約一點鐘，過通麥天險之後，我們來到波密縣城，距米堆冰川還有九十公里山路。汽車沿著帕隆藏布江又跑了兩個多小時，終於來到米堆冰川的大門口，每人五十元的門票，汽車便離開川藏公路，向南進入一個峽谷。

路況很差、很爛，大大小小的坑裏，積滿了水。路旁緊挨著一條翻騰不息的小河，那是米堆冰川融化流下來的冰水，它幾乎和我們在同一個平面。兩邊的絕壁上佈滿了裂隙和風化的支離破碎的岩石，一處處倒石堆從幾百米的高度崩塌下來。這陣勢絲毫不亞於通麥天險。好在不久拐了一個彎，米堆冰川忽然出現在不遠的前方，她成了鼓舞我們前進的動力。

我們小心翼翼地駕駛，從大門到米堆村七·五公里的路程，用去了四十多分鐘時間。車停米堆村，就必須徒步一·五公里，才能到冰川前沿的觀景台，村子裏人說來回要兩個小時。簡直不可思議，一·五公里的路程要走這麼長的時間。

確實如此，因為這是在高原。我放棄了騎馬，經過一段艱難的跋涉，越過冰河上的獨木小橋，開始翻越最後一道像山一樣的「終磧壠」。在高原上爬高是非常消耗體力的，我們每個人都喘著氣，上氣不接下氣地行進在坑坑窪窪的坡面小路上，好在路程不長，約花了五十分鐘，到了坡上的觀景台。一眼就望到高大壯麗的米堆冰川和冰川末端兩個因冰磧物阻塞形成的冰磧湖。

西下的陽光照射在雪峰冰川上，發出淡淡的藍光，兩個乳黃色的冰湖平靜如鏡，像兩隻大大的眼睛，點綴著這幽靜的谷地。雪峰在空中閃耀，冰川在雪谷中沉默，一切都顯得那麼寧靜、安詳。

遊客的腳步只能到此停止了，但我們不甘心，我們冒險過通麥天險，就是專為冰川而來，豈能僅僅飽個眼福。我們要親近冰川，觸摸冰川，感受冰川。標語牌子上的警示「遊客前進，後果自負」就後果自負吧！

我、豬軍、何書文三人翻過觀景台的柵欄，沿著湖邊和冰川的側磧壠向冰川末端融化的剖面靠近，再靠近，我們終於登上了冰川。只見冰川表面幾百米範圍內，佈滿了成堆的高低不平的泥沙和大小不等的石塊，如同採石場，或似一個巨大的建築工地，「髒」兮兮的。

站在第一個建有觀景台的終磧壠上，可俯看因米堆冰川融化所形成的兩個冰湖，隔開兩湖的那道中間土壩就是米堆冰川退縮形成的第二個終磧壠。在前方米堆冰川的右側西邊，還有米堆冰川的另一半，因山嘴的阻擋，在這個位置是看不見的，必須繞過兩個冰湖，爬上前方冰川表面，才能一睹米堆冰川的全貌。米堆冰川吸引著我們繼續前進。

在此冰川表面，可看到米堆冰川的全部。冰川末端的表面覆蓋著成堆的高低不平的大大小小的砂石塊，白色被隱藏其下，這簡直就像一個雜亂無章的建築工地！米堆冰川，一左一右，像一對夫妻，在我身後設置了一個橫向的巨大冰裂縫屏障，警惕地注視著我這個不同尋常的來客。

冰川表面怎麼會有這麼多大小不等的石塊呢？這要談到冰川的類型。冰川分大陸性冰川和山嶽冰川：大陸性冰川主要分佈在高緯地區，如南極洲的冰川；山嶽冰川主要分佈在高山地區，如歐亞大陸的高山冰川。而山嶽冰川又分成兩種類型，山嶽大陸性冰川和山嶽海洋性冰川。

山嶽大陸性冰川的特點是：降水量少，冰川溫度低，冰川融化量少，致使冰川運動緩慢，對地表的侵蝕力度不大，因而冰川表面雜質少，可謂「冰清玉潔」。青藏公路沿線的崑崙山、唐古拉山、念青唐古拉山，這三處的冰川就屬於這種類型。在唐古拉山口，我就看到這種潔白如玉的大陸性冰川，在陽光的照耀下，白得刺眼，像乳酪一樣，閃爍著乳脂般的光澤，從山口緩緩流出，似乎就在腳下。

山嶽海洋性冰川的特點是：降水量豐富，冰川溫度高，冰川運動速度快，融化量大，致使冰川對地表的侵蝕力度大。這類冰川主要分佈在川藏線，這是因為該線不僅緯度低，氣溫高，更重要的是峽谷眾多，為來自印度洋的西南季風深入提供了前進的「大通道」。

米堆冰川當然屬於海洋性冰川，而且是典型的。豐富的降雪，極高的溫度，使冰川運動的速度快，強度大，因此冰川對所在山谷的兩側和底部掘蝕切割的十分強烈，使山谷深深地下切，谷壁變得十分陡峭。在冰川向下流動「磨」、「銼」山谷的過程中，山谷兩側的坡上不斷有石塊和砂土跌落在冰川上，並隨著冰川一起向下運動，鋪天蓋地的沙石，掩蓋了米堆冰川「冰清玉潔」的面容。其實，只要搬開我們腳下十至四十釐米厚的砂石，就能見到巨厚的、緻密的、深藍色的冰川，這一點在冰裂縫剖面上，看得非常清楚。

那麼米堆冰川末端兩個冰湖又是怎麼形成的呢？隨著冰川向下運動，海拔高度的降低，溫度也越來越高，冰川末端的冰也在不斷地融化。當冰川向下運動的速度與冰川融化的速度相等時，力量也就達到了平衡，冰川的末端就會停止在某一個位置上。這樣冰川攜帶的沙土巨石隨著冰川融化，就會從冰川上「卸」下來，堆在冰川的末端。如果冰川的末端能穩定在一定的位置，冰川上的泥沙和石塊就會源源不斷地在冰川末端「卸」下來。冰川就如同一個巨大的推土機或皮帶傳輸機，辛勤地工作著，堆砌一個又厚又高的土石壩，最終形成一道「壟」，被稱為「終磧壟」。冰川融化的水被「壟」擋住，積水成湖。但氣候具有波動性，當氣溫持續性變暖時，冰川的消融量大於她的積累量時，也就是說冰川前進的力量小於冰川的融化速度，平衡被打破，冰川就要退縮，湖面隨之擴大。一直到氣候重新穩定下來，達到新的平衡，冰川才停止退縮，並在新的位置，製造出新的「終磧壟」。

米堆冰川至少有兩個「終磧壟」：一個是觀景台所在的位置，一個是兩湖之間的「土石壩」，反映了氣候在米堆一帶有過兩次大的波動，這就是米堆冰川上的石頭及兩個冰湖向我們透露出來的生動「故事」。這「故事」訴說出冰川的威力，也透射出時間要素的威力，是冰川的力量和時間的結合，才創造出這史詩般的「鴻篇巨作」。

望著腳下亂七八糟的石頭，它們可是從很遠的地方，經風化、崩塌，再經冰川的輸送，才來到這裏。是冰川的力量，讓它們與我相會。每一塊石頭都有說不清、道不明的曲折經歷。我深深地被冰川的力量震撼著，這是冰川的力量之美！是歲月的偉大！

我們繼續踩著石頭，一高一低地在冰川表面上行走。高達七百米的巨大冰瀑布離我們越來越近，冰瀑布後面就是圍椅狀的冰雪盆，那就是冰川的源頭，再後就是閃著金光的雪峰。這樣的冰川景觀在米堆冰川西側谷地裏同樣出現了，原來米堆冰川是由東、西兩條平行的冰川構成的，中間夾著一塊長滿原始森林的山脊。而米堆冰川西側的冰川，站在觀景臺上由於受到山嘴的阻擋，是絕對看不見的，只有站在冰川面上，才能看到兩條白色冰川夾著綠色森林，在山谷中向北雙龍飛舞。

冰川融化崩落所形成的冰洞，發出幽靈般的藍光，寒氣襲人。寧靜中，伴著融化的冰塊、石塊的落水撲通聲，聲聲入耳；恐懼中，巨大的冰洞口張開著鱷魚般的大嘴似乎要把我一口吞噬進去。

天色已暗，在巨大的冰川映襯下，我們顯得異常孤獨渺小。時間不早了，走在前面的何書文老師正引領著我走出冰川表面。

一個小時過去了，我們繼續向冰川腹地推進，但石頭地似乎始終走不完，忽然有一道冰裂縫橫在了前面，從東到西有一百多米長，冰縫裏有滾落的石頭及土碎石卡在裏面。這是冰川融化受重力作用，發生斷裂造成的結果。這不，在她的西側，由於斷裂與融化作用強，冰川已完全崩塌，形成一個高達幾十米的冰斷崖。斷崖下面就是一汪冰川融化而成的小水塘，上面漂浮著尚未完全融化的浮冰。斷崖面上，巨大的藍色冰塊，不均勻地融化斷裂脫落，形成不同層次的藍色冰洞。

我興奮地摸著冰裂縫剖面上晶瑩剔透的冰體，冰裂縫上方表面不斷有砂石融化滑落到冰裂縫裏，耳旁不時響起冰川融化崩落的撕裂聲及石頭、冰塊斷裂落入水中的撲通聲，聲聲震耳，此起彼伏。此情此景，彷彿聽到冰川底層融化的潺潺流水聲，場面充滿了恐懼。有資料記錄，在一九八八年七月十五日的深夜，由於連續的高溫，加大了冰川融量，冰川融化鬆動，巨大的冰塊突然擺脫母體，沖入末端的湖中，湖水迅速上漲，擊毀「堤壩」，大量的冰川洪水裹挾著沙石泥土，沿著谷底沖向下游帕隆藏布江沿線的川藏線，使該道路交通中斷達半年之久。

這就是米堆冰川的脾氣，具有跳躍性。平靜中蘊藏著殺機，一旦發作，威力無比，可謂於無聲處聽驚雷。但此時此刻，我願米堆冰川溫柔些，再溫柔些。

探究的渴望，讓我產生了勇氣，我勇敢地爬著越過了冰裂縫，想追上走在前面的褚軍。心急，也可能是高原上連續行走，體力透支的原因，我一腳踩空，摔在佈滿岩塊的冰川表面上。幸虧反應快，用手撐地，避免了更大的傷害，但鋒利的石塊稜角仍然迅速刺破了我的手掌。血，鮮紅的血，流了出來，滴落在石塊上，染紅了冰川表面，滲透到冰川底部，很快與米堆潔白的冰川融為一體。

天色已暗，茫茫石頭灘上只有我們三個孤獨的身影，在巨大的冰川映襯下，顯得異常孤單渺小。腳下石頭的路似乎沒有盡頭，要看到冰瀑布下面的冰川，至少還要走半個小時。時間、體力、傷痛、安全已不允許我們再前進了，真的有點依依不捨。據說冰瀑布下面的冰面上有最被冰川學家欣賞的「弧拱」結構，這是米堆冰川最大的特色。

所謂弧拱結構，就是冰面上一道道呈橫向十分明顯的黑白相間、高低起伏、向前方凸出的圓弧，它是冰瀑布的傑作。至於成因，這裏就不再贅述。

米堆冰川她集眾多冰川特點為一身，她是一本厚重的大書，承載著太多、太多的資訊，可謂博大精深；她向我們奉獻了這麼多自然之迷，敘述了這麼多精彩故事；她讓我細細地品味、慢慢地體會，最終解開她的歷史密碼。

讀懂她，是一種享受，也是我們欣賞米堆冰川的終極目的。你說，有了這樣的收穫，流點血作紀念，過一段通麥天險，難道不值得嗎？

米堆冰川，《中國國家地理》評你為冰川第四美，但在我心中，你是中國最美的冰川，你讓我獲得了生命的力量，你教會了我許多許多！

感謝你，難忘的米堆冰川。

冰裂縫豈能擋住我前進的步伐，雖有風險，
但我一定要越過上面的冰裂縫。

小心下探。

勇敢爬過。

設法穩住。

四肢並用。

勝利喜悅。

白色的世界

八月十五日至十六日，由然烏鎮至林芝、拉薩，再到當雄，我們開始了回家的路程。何書文老師說：「在外『漂』了這麼多天，還真要一個家，那是我們最後的歸宿。」是啊，家是我們每個人的「根」，人和樹一樣不能沒有「根」。

我們之所以選擇當雄不選拉薩住宿，是因為在高原上行車，必須一天趕到格爾木，沿途任何一地點住宿都是不適宜的——海拔太高了，無法入睡。從當雄到格爾木一千公里，比拉薩到格爾木少兩百公里。所以頭一天，我們辛苦些，多走些路，過拉薩住當雄。

我們住在當雄兵站，如今是市場經濟，部隊也可以經營旅店。一個房間一百元，兩張床，非常簡易，連桌子、板凳都沒有，但乾淨整潔。一個戰士送來兩瓶開水，讓我們在公用衛生間洗漱。

這是我們在高原住的最後一晚，雖然我們基本適應了高原環境，但並沒有完全適應在高原睡覺。和來時一樣，在當雄睡得並不深沉。好在第二天，天氣很好，一路順利，只是在最後越過崑崙山時，天已全黑，在漆黑的大山中開車，讓人提心吊膽。晚上十點，我們安全抵達格爾木。

從格爾木到蘭州我們決定分兩天到，這樣人要輕鬆多了。來時，我們走的是青海湖南線，回去我們將與西寧到格爾木的青藏鐵路同行，走青海湖北線。一來可看看青海湖北岸的景觀，二來可以順道參觀格爾木以北的察爾汗鹽湖及「萬丈鹽橋」。

十七日清晨，汽車駛出格爾木市向北行進，漸漸地公路旁大地出現了白色的斑點，寸草不生，那是鹽嗎？好奇心使我們停車捧起那白色的泥土，用嘴輕輕地接觸品嘗，有點澀。其實，這就是鹽湖，是鹽湖演化的最後階段。在柴達木，湖的概念要擴大，比如看不到水面，只有鹽殼的湖。有的鹽殼一片潔白，有的鹽殼覆蓋著塵土，這白的、黑的都是湖。它們曾經碧波蕩漾，由於柴達木盆地的下陷，周圍高山的封閉阻擋，使之氣候乾燥，流入湖泊的水，不敵蒸發的水，湖水含鹽量越來越高，最後，甚至漸漸乾涸了。我們的車在過「萬丈鹽橋」時，如果沒有巨大的石碑標誌提醒你，你會一點也不知道，因為這用鹽修建的公路，上面已鋪上了柏油，與其他路段沒有區別，兩邊也沒有浩瀚的湖水，只是乾涸的「黃土地」。但是，這些表面覆蓋著塵土的湖，只要你挖出一個土塊，就會發現這土塊就是鹽的結晶體，在晶體的空隙間，充滿了鹽水。公路兩旁那白茫

鹽湖的最後歸宿是鹵水蒸發乾枯，析出白花花的鹽粒覆蓋在湖的上部。

在湖的岸邊水面下會出現珊瑚狀的鹽結晶體，她們有大有小，形狀各異，千姿百態。

由近及遠，鹽湖的質地、水色由磷脂般厚重黏稠到清淡素雅，這一厚一輕，一稠一淡極具富有情調的水彩畫，恐怕即使高明的畫家在調色板上也未必能調得出來。

察爾汗鹽湖極為遼闊，湖水色彩斑斕。岸邊，由白色的鹽粒構成的湖灘，受高原強烈陽光的照射，散射著珍珠般的光澤，亮晶晶的。

茫的一片，就是鹽湖地下的鹽分隨水上升，水走鹽留的產物。

但是察爾汗鹽湖不僅僅是乾湖，它還有水的鹽湖，它在哪裏？經多方打聽，它在離格爾木市以北六十公里外的高速公路旁，但到了那裏並沒有見到鹽湖，而是一片廠房，那就是著名的上市公司「鹽湖鉀肥」，是中國最大的鉀肥生產基地，原料就取自察爾汗鹽湖。有廠就有湖，經人指點，湖就在廠區，我們的車子來到了廠區大門口，我們向門衛師傅說明來意：為了湖專程遠道而來，到鹽湖邊拍幾張照片，回去好給學生講課。師傅很熱情，告訴我們這是南大門，進去後，到了前面還要出北大門才能看到鹽湖，並說南大門附近有一個博物館，回來時可免費參觀。太好了，登記，放行。

這是「鹽湖鉀肥」的一個分廠，不一會就到了北大門。一出北大門，便上了一個壩埂。毫無思想準備，眼前忽然出現一片望不到邊際的蔚藍色大湖。湖水蕩漾，煙波浩淼，我們不由地驚叫起來，這就是察爾汗最大的水上鹽湖。大湖被用鹽修築的公路分成好幾塊，我們沿著湖心公路到了鹽湖腹地。簡直太美了，有點讓我們驚呆。遠眺，湖面上採鹽船星星點點；近觀，湖灘，湖岸是一片白色的結晶鹽粒，呈一定的寬度，沿岸邊曲線般地伸展，陽光照在上面，亮晶晶的，閃爍著珍珠般的光澤。這景象就如同大海的岸邊鑲了一道耀眼的銀白色沙灘。在岸與湖水接觸的地帶——岸邊水下，又分佈著從湖水中析出結晶而成的鹽花。它們千姿百態，顏色各異，似珊瑚又似結晶礦物水晶柱。湖水的顏色也值得一提，因所含礦物質種類及含量不同，湖水由岸邊向湖內，條帶狀的呈現出淺黃、深黃、嫩綠、深綠、藍、蔚藍不同的色彩，這變換的水色之美，如同馬爾地夫或泰國普吉島的海洋。這種水色即使高明的畫家在調色板上也未必能調得出來。在我看來，鹽湖她不僅提供豐富的礦產資源，僅從觀賞價值來說，她也不遜於任何一個風景資源，她帶給人的是一種清爽靚麗之美。目睹鹽湖，在享受美的同時，你的心靈會得到洗禮和淨化。潔白，將佔有你的一切，充滿你的內心，因為無論是岸邊還是湖水，最終都將是一片潔白的世界。

我們在湖邊白色的鹽灘上漫步，興奮至極，用手抓鹽，用手舀水。濃度太大了，事後，用礦泉水沖洗，怎麼都沖不乾淨，手上黏糊糊的。鹽湖的美，讓我們忘掉了時間，原定的照幾張相，匆匆一瞥，定格在長時間的依依不捨。

臨近中午，我們才到了廠區南大門口的博物館。這是一個鹽的世界，文字、雕塑、地圖都是用白色的鹽構成的。在這裏，我們瞭解了鹽湖的形成，鹽湖的類型及察爾汗鹽湖鉀肥廠的奮鬥歷史。察爾汗鹽湖是中國最大的天然鹽湖，總面積五千六百五十八平方公里，有著極為豐富的鉀、鎂、食鹽資源，儲量超過死海和美國的大鹽湖。

大地白色的寶藏，使格爾木成為中國名副其實的鹽湖城。此次觀鹽湖，讓我驚喜，出乎意料，是高原之行意想不到的收穫。

離別高原

離開鹽湖，汽車向北奔跑，柴達木盆地以博大的胸懷敞開在我們眼前：平坦、遼闊、乾旱、蒼涼、寂靜、荒蕪……各種各樣的荒漠地貌景觀如同新疆。車到錫鐵山分叉轉向東，駛向德令哈市、青海湖。

公路比南線的質量高，很寬、很直，為準高速公路。因荒漠地帶沒什麼人，公路兩側無須圍欄，兩條相向的公路留出很寬的荒沙隔離帶，不時的還有支路把二者溝通起來，故在高速公路上可看到逆向行駛的車輛。說它準高速是客氣了點，應該是「半高速」，即使如此，還是大大提高了我們的車速。

車過德令哈、烏蘭，沿著山谷上升，在一個察汗諾的地方，我們離別了高原荒漠，分叉北上，翻過一座大山，進入了青海湖北岸的湖濱草原。北岸的草原比南岸的更加遼闊，這是因為北岸的大通山離岸較遠，為草原的發展留下了足夠大的空間。草原大尺度的波狀起伏，在夕陽的映襯下，散發出金子般的溫暖。也正是這豐滿的水草，使北岸相

水草豐美、藍天白雲的高原淨土啊，此時一別，我們何時能再次投入你那寬闊的懷抱？

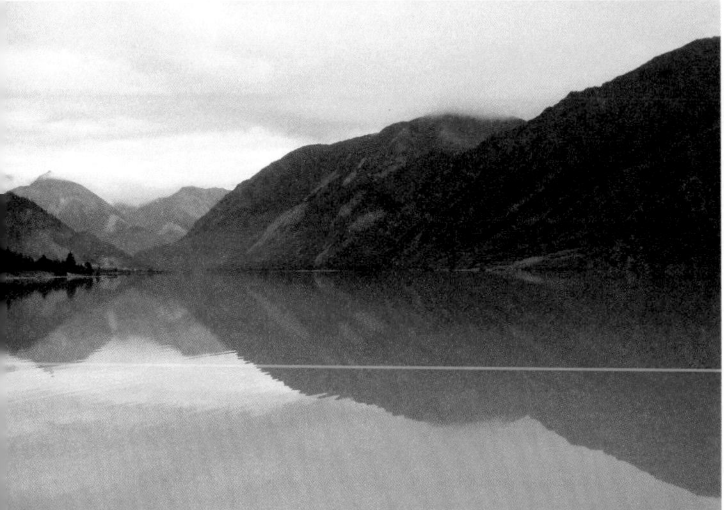

然烏湖水中倒影與岸邊的山體巧妙地共同構成了地質學上的地質構造——褶皺。

對南岸人丁興旺，居民點眾多。

我們在海晏縣停留一晚，第二天，又一次離別了高原的草原，離別了高原的牧區。再次越過日月山，進入了農耕區，進入了湟水谷地。

汽車在標準的高速公路上奔跑，南來北往的車輛擁擠在公路上，異常繁忙。離西寧越來越近，離蘭州越來越近。高原與我們漸行漸遠，我忽然發現藍天白雲不見了，天空灰濛濛一片，遮天蔽日。僅僅隔了一個日月山，天空就出現了如此大的差異。看高樓林立的西寧市正籠罩在一片陰霾之中，時隱時現。

前方車輪滾滾，一片喧囂。天空變了，大地變了，一切都變了。是啊，我們從「天堂」到了人間，豈能不變？

望著窗外霧濛濛的天空，我似乎明白了：西藏為什麼有那麼大的吸引力，吸引著四面八方的來客。有騎自行車的，有騎摩托車的，有自駕的，有徒步行走的，更有長叩匍匐用身體丈量著山川大地的，儘管他們來的理由各種各樣，選擇到達的方式也不盡相同，但有一點是共同的，那就是「天堂」的淨土，「天堂」的神祕，是令人嚮往和追求的，是不可抗拒的，她的魅力和誘惑力是任何一個心靈都無法抵擋住的！

難道我們不正是被她的魅力所擊倒，才冒著風險，吃盡苦頭，縱橫一萬多公里，苦

身體就像一把尺子，丈量著大地，丈量著草原、湖泊、沼澤，丈量著信仰。這不同凡響的行為藝術是那麼自然而然，因執著而優美，因虔誠而感動，他一路溫暖著大地，向著聖地拉薩前進！

苦地追尋著她嗎？

雪域高原，她給我精神上帶來了無窮的快樂和刺激！她讓我尋找到生命的最初潔淨！她將永遠珍藏在我心中！

後記

汽車在家鄉的公路上奔跑，遼闊的長江三角洲平原，一望無際，風光無限，沒有高原頭痛，沒有上下顛簸。

什麼是「幸福」？這一刻，我的大腦中忽然閃出這兩個字，並對其內涵有了更深刻的領悟。「幸福」是個人的感悟，是主觀的，是相對的，是變化的；她因人、因地、因時而不同。和平是幸福，健康是幸福，富有是幸福，家庭和睦是幸福……

而此時，生活在平原上，就是最大的幸福。

幸福就這麼簡單，需要的是會善於捕捉感受。

圖說新疆的草原

從新疆回來已好多天了，我雖已三赴新疆，但不知為什麼這次回來，我的內心總是不能平靜，有一種嚮往，一種衝動……是草原，是北疆的草原勾起了我對她的深深思念。她讓我魂牽夢繞，揮之不去。

我看過內蒙古大草原，給我的印象僅僅是遼闊、壯觀，而新疆的草原屬於高山草原，全在海拔兩千米以上，她不僅僅遼闊，更有一種立體的美、組合的美、動態的美……這些「美」歷經幾百萬年大自然的揉合，呈現出一幅幅原汁原味的「生態美」畫卷。我們通常觀賞草原總是從平面的角度來欣賞她的美，她的遼闊與壯觀。新疆草原卻不同，體會她的美，不僅要調動你的平面視野，更要從縱向的角度，進行立體的、全方位的觀察。

我們先來欣賞伊犁河谷中的瓊庫什台和喀拉峻大草原，她不同於那拉提草原，這是一片尚未開發的處女地，幾乎沒有受外界干擾，完全處在自然的原生態和哈薩克牧民生活的原生態狀態。她位居伊犁河谷的八卦城——特克斯縣以南的南天山懷抱中，山路崎嶇，必須租一輛山地越野車才能前往。

一路的跑車，一路的欣賞，眼睛完全不夠用。

每一株鮮花都很謙讓，深知自己的位置，留有空間，絕不侵佔他人的「土地」。因而，每一小塊土地都是五顏六色的花，友好地共生，一起綻放，共同把草原裝扮得五彩繽紛。她們隨輕風而搖曳，成為花的海洋，靜靜地飄動，碧波蕩漾。

「大海」的波濤與遠方九曲十八彎的組合，極具韻律美。

是阿爾卑斯風光，是瑞士小鎮的風韻，還是世外桃源？我恍惚！

「巨浪」襲來——波峰與波谷。

用松木疊砌的小木屋屋頂長滿了青草，空氣中瀰漫著嫋嫋炊煙，沒有外界的擾動，只有時間的沉澱，難道歲月就靜止在這裏？停頓在這裏？

夏季的瓊庫什台，芳草萋萋，空曠的藍天之下，漫山遍野的牛羊點綴在蔥綠色的牧草之上，映襯著白雲、小木屋、氈房、炊煙、牧民、牧羊犬，這優美的畫卷似乎正在緩緩地釋放著「天堂」的天籟之音。到了冬季，這裏積雪深厚，氣候寒冷，他們就要轉場下山了。

如果說處於南天山伊犁特克斯縣高山河谷草場是豐富多彩，那北天山賽里木湖湖濱草場則是風情萬種，有了一汪湛藍的湖水的點綴，使得草原愈發溫柔，如同一位十六歲花季少女，隨清風蕩漾，含情脈脈。當我們由果子溝爬到山頂，突然俯視到在山的懷抱中一汪清水時，美得我們情不自禁地齊聲驚叫。如地毯一般的綠色草場從湖邊一直鋪到遠方的山腳下，逐漸消失在山坡的森林中。草場上，氈房點綴，米粒般的羊群，像白雲一樣，飄蕩在草原的各個部位。

最後，我們來到新疆最北的阿爾泰山，目睹生長在冰川谷地中的草原。阿爾泰山為西北至東南走向，地處中國、哈薩克斯坦、俄羅斯、蒙古四國之間，是新疆緯度最高的地區。因此，地質史上，氣候特別寒冷，有過三次冰期，從而留下了大量的冰川地貌。阿爾泰山草原多生長在巨大的冰川U型谷地中，如果說伊犁河谷草原富有變化，柔情似水，阿勒泰草原則坦蕩粗獷，有一種開放的胸懷和氣派。

欣賞完新疆的草原，你一定會發問：深居內陸的新疆為大陸性乾燥氣候，在大面積的荒漠中怎麼會出現如此美麗的草原？

這要感謝高大的天山、雄偉的阿爾泰山！是她們，是她們的誕生，是她們的走向阻擋了、抬升了來自大西洋的西風濕潤氣流，把遠道而來、僅剩的一點大西洋水汽，全部

通往賽里木湖及湖濱草原的天山果子溝。

春天的草原綻放出各種野花，與殘雪、森林、湖水、綠草構成絢麗多彩的世界。

冰川谷地中，原始的泰加林，清澈的喀納斯河與草原一起奔向遠方，一瀉千里。

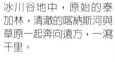

賽里木湖宛若碧玉，安靜地躺在西天山的懷抱中，她是一個山間斷陷湖，東西長20公里，南北寬30公里，略呈卵圓形，湖面海拔2073米，四周由草原過渡到群山巍峨。奇怪的是沒有出水口，卻是淡水湖。圖為晨曦中的湖水及草原，水天一色，有一種夢幻般的色彩。

灑在這裏。特別是伊犁河谷呈喇叭形開口，朝向西方，這種迎接的姿態，使得西風濕潤氣流更易深入內部，並逐級抬升，在大山的腹部及伊犁河谷，年降水量可達四百毫米以上。日照充足，降水豐富。大自然如此精巧的設計和對新疆的偏愛，怎能不孕育出魅力的草原！

這確實是荒漠中的奇蹟，也是內陸新疆荒漠的福氣。是大山造就了荒漠中的「濕島」，也帶來了絢麗多彩的新疆草原風光！

泰加林、草原在谷地中不受約束地盡情施展風采。

谷地中草原坦蕩開闊。

神祕的月亮灣。

喀納斯湖。

秋醉川西

秋天是收穫的季節，同時也是大自然經過春孕、夏盛，到秋天，把自己最燦爛、最絢麗的一面展示給人間的時刻，她充滿著詩一般的韻味。

很幸運，二〇一二年，在這個令人陶醉的季節裏，我一頭扎進了川西秋天的大花園，徜徉在川西博大的懷抱中。雖很累——有連續在崎嶇的山路上顛簸，坐車十個小時以上的煎熬，也有強烈的高原反應，胸悶頭痛及失眠的痛苦，但川西與內地迥然不同的秋的色彩，不同的風土人情，在我腦中還是打下了深深的烙印。

一路的疲勞，換來一路的收穫，有些還是意想不到的收穫。

我們的路線是從成都出發，向西南到雅安，由於西去的雅安至瀘定的318國道正在大修，堵車厲害，我們只好選擇從雅安向南，沿新修的雅西高速南下，經滎經、漢源到石棉，繞過二郎山，穿越大相嶺，再轉折向北，沿大渡河河谷北上抵達瀘定，最終與從雅安向西延伸的318國道匯合繼續西進。

該路線走了一個大大的「U」字型，多走了一百多公里，並失去了穿越二郎山隧道的機會，但目睹了雅西高速、大渡河的風光，可謂有得有失。之後，一路向西由瀘定到康定、新都橋、雅江、里塘，在此，我們暫時告別進藏的川藏線318國道，轉向南朝雲南方向，經毛娅大草原到達最終的目的地稻城亞丁。這一路全在甘孜地區，必須要住

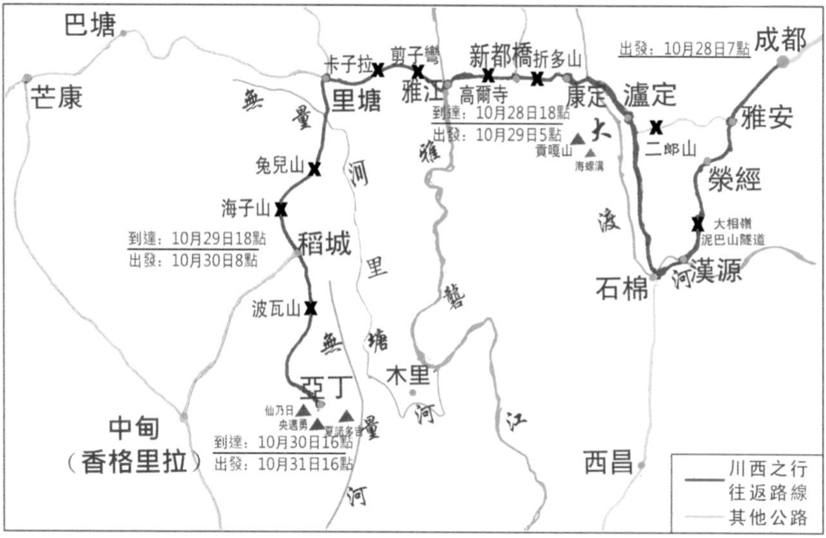

川西之行路線示意圖

告別理塘縣，進入毛娅大草原。

宿三個晚上，新都橋、稻城、亞丁是住宿的落腳點。我們原路返回，同樣如此。

川西，是一片遼闊的地區，也是高海拔地區，她地處橫斷山以西的高山腹地中，僅僅一個甘孜藏族自治州就超過我們安徽省的面積，但人口稀少，只有八十八萬人口，真的是地廣人稀啊！

川西，在這樣一個明媚的秋天，我來了，沒有遊客的干擾與躁動，只有我們十幾個人。萬物間，一切是那麼靜謐，悄無聲息。而今向西眺望，您留給我的思緒又是什麼呢？還是從路說起吧！

318你是一道靚麗的國道風景線

橫斷山，呈南北走向，山勢逶迤，綿延千里。若把青藏高原比作天上的手掌，則橫斷山脈，猶如掌心伸往東南方向的手指，指縫間就是高山之間的峽谷。大山之間，河流深切，峽谷幽深。318國道就在那粗壯的手指上，由東向西橫向地輕輕地劃過一道優美的曲線。

那麼318國道靚在何處呢？

一是她的跌宕起伏。你想一條公路要切穿一系列南北縱貫、山河相間的高山峽谷，而這高山峽谷又地處於青藏高原與四川盆地之間，由地勢的第一臺階向第二臺階過渡，這勢必造成這「曲線」忽高忽低，忽左忽右，時而盤旋向上，時而又蜿蜒而下。山峰與峽谷的頻繁交替，導致審美的視野處在不斷的調整之中。高時，在手指之上，天高雲淡，秋風拂面，忽而雪花飄飄，忽而陽光燦爛。極目遠眺群山，金色的草甸如大海，波瀾壯闊，俯視峽谷，河流如線。低時，處指縫之間，彷彿墜入峽谷，與森林溪水相伴，

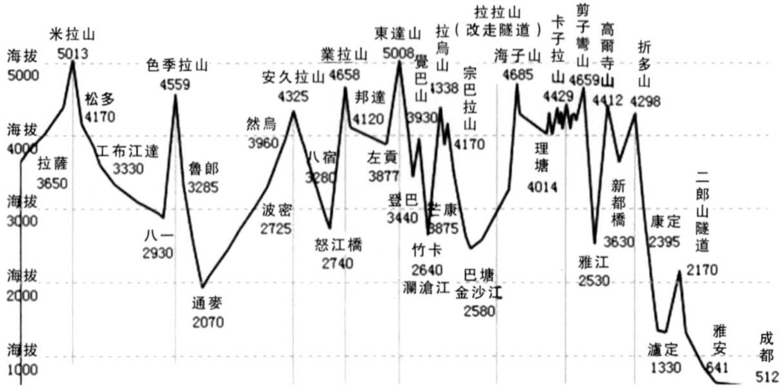

318川藏由東向西的海拔落差

聽林海濤濤，溪水潺潺。仰望那忽左忽右、忽上忽下不斷扭動著舞姿的盤山公路，如同哈達在雲中飄逸。

從康定到里塘不到三百公里，一路上要翻越四座大山，依次是折多山、高爾寺山、剪子彎山、卡子拉山，它們的海拔全在四千米以上，汽車由東向西的穿越，勢必把我們忽而抬上高山，忽而拋入谷底。這不斷變換的景色伴以秋的調料，會把你的內心攪得不得安寧。

二是大山兩側相對高度不對稱所帶來的美感。自東向西，318國道不斷深入青藏高原的腹地，隨之海拔也就在不斷上升。在康定海拔只有兩千三百多米，到了新都橋海拔就一下子上升到三千六百多米，這是翻越折多山帶來的結果。東陡西緩的每座大山面向東方，高昂著身軀，翹首以待，像大海的波濤湧向岸邊一樣，由東向西，一浪接著一浪，一波超過一波，如同接力賽一般，逐級地把大地抬上了海拔四千米以上的高度。東坡的巨大落差與西坡的款款而下，這不一樣的山體風格，別有情趣。

三是由於高大山體的阻擋，不僅有著巨大的植被垂直變化差異，更令人驚奇的是東西兩坡植被的差異。這一現象不僅在318國道體現明顯，就是在雅西高速，當我們在滎經由東北向西南穿越二郎山——大相嶺泥巴山隧道到漢源時，植被的變化更令人叫絕。在隧道的東北口，樹木參天，鬱鬱蔥蔥，山上林海高聳入雲。而一過隧道進入漢源縣，立馬植被發生了改變，沒有了森林，山上是裸露的岩土、低矮的灌木叢和滿山的花椒樹。

僅僅一山之隔，為什麼會出現這麼大的差異？

植被是氣候和環境的鏡子。造成這一變化的原因是二郎山——大相嶺及泥巴山阻擋了來自太平洋東部季風帶來的水汽，使大量水汽聚集在嶺東，形成了多雨溫濕的氣候，使之森林茂密，並孕育了雅安的雨城。而嶺西處在季風的背風坡，形成了乾燥少雨的乾旱河谷氣候。這就是山與風的方向相結合所創造的傑作。

爬上了海拔4429米卡子拉山，金色的草場似大海的波濤波瀾壯闊，蔚為壯觀。

據說站在二郎山的山脊上，就能明顯地感受到東西陰陽兩重天。東側是霧氣茫茫，雲海翻騰，而西側卻是晴空萬裏，豔陽高照。東側的雲霧儘管四處漂蕩，但就是越不過山脊線，這就是大山的力量，它不僅阻擋水汽，造成大山兩側的氣候差異，並且還提升水汽，使之凝結成雲霧，飄忽不定。讓我們看得見，摸得著，從而感受到山的存在，山的威力。

有趣的是這一現象隨著318國道向西，山之東坡與西坡的植被又發生了相反的變化，即大山的西坡植被茂密，而東坡稀疏，這是因為風向變了，影響橫斷山區的季風變成了來自印度洋的西南季風，從而使西坡變成了迎風坡，東坡成了背風坡雨影區。

而在南北縱貫的河谷地區，又成了吸引水汽進入的通道，造成雨量豐富，森林茂密。而在東西走向或封閉的谷地裏，水汽難以進入，或在上空掠過，或進入谷地缺乏提升，致使谷底成為乾燥的氣候。在大渡河谷，我就看到了成片的適合在乾旱地區生長的仙人掌。

你想，行走在318國道上，目睹著沿途植被這魔術般地變化，你不能不感歎大自然的神奇。

四是大山不僅是自然的分界線，也是人文的分界線。這一點在折多山表現得特別突出，該山以東為康定，屬於「關內」，多為漢人，跑馬溜溜，情歌蕩漾；而山之西、之北大地猛然抬起，從此向西進入「關外」，那是一片雄奇俊美的天地，草原在空中蔓延，雪山在連綿高聳，牧歌悠揚，經幡飛舞。獨特的藏式民宅建築，像一種符號定格在大地上，它清晰而明白地告知你已進入藏民族分佈的區域。「關外」的大氣、蒼莽，別樣的民族和別樣的風土人情，把你帶入了另外一個別樣的世界。

新都橋，是進入「關外」的第一個小鎮。

深秋就像被上帝打翻了的調色板，那山、那水、那民宅、那草原、那林子都被那黏稠的染料深深的包裹、浸透。公路旁，溪流邊，黃的、深黃的、淺黃的、黃中透紅、透紫、透綠，各種各樣色彩的樹葉全都揉合在一起，隨秋風上下起伏，在狂野中舞動，完全成了一個地地道道的十足的「黃色大合唱」；

深秋又像一件漂亮的時裝，打扮著那山、那水……使之燦爛豔麗，婀娜多姿，韻味無窮；

深秋更像陳年老酒，化作秋風秋霧，沐浴著山山水水，村村落落，在夕陽的照射下，醉意綿綿，朦朧而蒼涼。

無怪乎，新都橋被稱為攝影家的「天堂」。

當然，說到路，不能不談雅西高速，這是一條由雅安經西昌到攀枝花的高速公路，二〇一二年才通車。說她漂亮是因為她全穿梭在崇山峻嶺中，或許是斷層峽谷眾多，或許是為保護山體不被破壞，公路多架設橋樑和隧道，橋隧比例達到百分之五十四・五。最長的一根橋墩足足超過一百八十米高。最長的隧道則是泥巴山隧道，當年成昆鐵路修建時，曾因為艱險而特別避開了這座山。隧道長度超過十公里，穿越了十七條大斷層。為保證隧道通風換氣，四根巨大的「呼吸管」從山頂插入洞內，其中最長的一根足足一千五百米。正是這幾條長長的「呼吸管」，保證了十公里長的泥巴山隧道呼吸自由。

遠望由巨大的橋墩支撐起的雅西高速，如同高掛空中的彩練飄帶，當空舞動。或湮沒於山中綠色的林海，或鑽入大山厚厚的腹部。曲折流暢的雅西高速，是一條景觀之

谷底的318國道寬闊處，土壤肥沃，是藏民的重要居住區，深秋季節，暮色茫茫，有點冷酷而蒼涼的美。

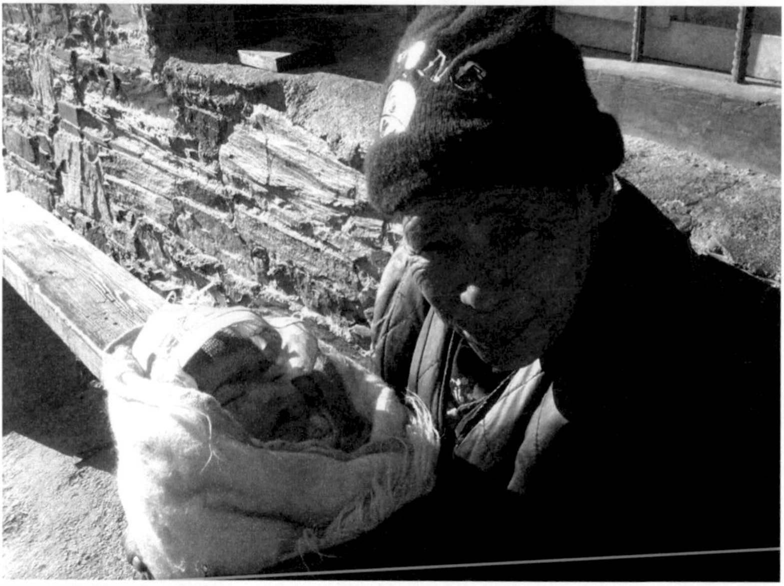
亞丁村的藏族奶奶和孫子。他們的皮膚先天並不黑，是後天受高原強烈的陽光照射導致的結果。

路，俊美之路。

３１８國道、雅西高速，你帶給了我美的享受，但遺憾的是３１８國道正在修路，到處是工地，加之地質環境複雜，泥石流的衝擊，冰雪融水的侵蝕，塌方崩落等都使目前的３１８國道變得滿目瘡痍，路況很差，坑坑窪窪，破爛不堪。雨季，泥濘不堪，旱季，塵土風揚，秋季，恰逢旱季之末。以致每輛行駛的車後都拖著一條長長的灰塵尾巴，如同沙漠行車，好似一條黃龍在遊弋。錯車時，沙塵蔽日，視線一片模糊。確實，連續十個小時行駛在這樣的路上，真讓我受不了。

雖如此，但跟沿途美景相比，還是瑕不掩瑜，況且二〇一三年，３１８國道會完全修好。屆時，一條清爽乾淨的柏油公路，蜿蜒在高山峽谷之中，駕車行駛其上，滿眼風光，那是何等的愜意，何等的快樂啊！

大渡河　一條被綁架的河

鐵索橋為證——大渡河應有的原始野性。

大渡河是岷江的支流，它從青海走來，一路南下，在樂山大佛前朝拜後匯入岷江。之前，我所知道的大渡河開發的水電站是我們中學地理課本上提到的龔嘴水電站，但這次在沿著大渡河北上和南下的過程中，深深瞭解到了大渡河水電站的梯級開發。龔嘴下面還有銅街子電站，從龔嘴向上一路上有沙坪壩、枕頭壩、深溪溝、大崗、瀘定……一共有幾十個水電站把大渡河攔腰截斷。

過去，我不太理解紅軍當年為什麼要冒險飛奪瀘定橋，幹嘛不涉水過河，到了這裏我才明白：大渡河谷坡降極大，乘車在河谷一側的公路上沿河而下，就能明顯地感覺到這一路都是是急速的下坡。這樣的坡降勢必使大渡河水波濤洶湧，湍急的河水遇到河中的巨石阻擋，常掀起滔天巨浪，令人魂飛膽喪。這樣的河，人是無法涉水過去的。

這就是大渡河的天性，是爺們，自由而奔放。但遺憾的是這種放蕩不羈的天性河段太少了，一條條大壩像繩子一樣捆住了大渡河的手腳，大渡河被馴服了，變乖了，河水變得那麼平靜，是河又不是河，她變成了湖，靜靜地遊離漂泊。

這不是大渡河應有的原生面目！她不應該這樣，她應是歡快的，豪情萬丈的，充滿野性的！面對失去自由的大渡河，我的內心在滴血。看到山上依然高掛的「開發大渡河」標語，我真的為大渡河未來而哭泣，而擔憂。這就是為什麼我每每看到大壩下面，當大渡河水以原生態的面貌不受約束地向前奔騰時，內心就一陣激動，不由自主地從車上站起來，久久地注視著她，眼光不忍離去。

大渡河，一條被撕裂的河，被綁架的河，撕裂的我心一陣陣劇痛，綁架的我四肢冰涼麻木。

我還看到由於急切的開發，大渡河兩岸的民宅、公路要向山上遷移。為修路平地，致使沿岸山體遭受了很大破壞。植被被毀，山體裸露，崩塌、泥石流，隨時都可能

開發過度的大渡河奄奄一息，山體破壞嚴重，植被稀疏。

發生。

大渡河的生態恢復你能早點到來嗎？達官貴人們，請手下留情，高抬貴手，放大渡河一條生路吧！

人啊，我們何時尋找到河流開發與維護河流自由的平衡點？遺憾的是，我們總是貪婪，為難自然。

石頭——遠古的呼喚

汽車在里塘離開了318國道向稻城駛去，秋季的毛婭草原似金黃色的地毯向遠方伸展，一望無際。穿過草原，開始上山，在山與谷地草原交替變化中，忽然，我看到了在山的溝谷中堆滿了圓滾滾的巨大石頭，它們把河床塞得滿滿的，以排山倒海之勢傾斜而下。在溝谷的跌落處，還形成了高大的石頭瀑布，跌宕起伏。緊接著隨著地形的開闊，在河兩岸，在高平原上，在山上，到處都是大小不一、形狀各異的石頭，尤其是山頭、山坡全是由石頭堆砌而成。

放眼望去，這是一個石頭的世界。石河，石海，鋪天蓋地，千奇百怪卻又形神兼備的天然石雕，確實令你震顫又令你恐懼，令你傾倒，又會讓你產生一種荒誕。身處亂石之中，一種「前不見古人，後不見來者，念天地之悠悠，獨愴然而泣下」的感慨油然而升。一千一百四十五個高山海子（湖泊）如天空不經意滴下的眼淚，散落於嶙峋亂石之間，碧藍如玉。深秋的季節，湖面薄薄的冰層，泛著淡淡的寒光。穿行於石頭之間，漫步於海子岸邊，秋風瑟瑟，寒氣襲人。

沒有準備，出乎意料，我被眼前出現的場景驚呆了，被這遼闊的、立體的石河、石海震撼了。這是在地球上嗎？目光所及沒有樹木，只有石頭；沒有河流，只有海子；沒有生命，只有寂寞。蒼涼又「蠻荒」的景觀，像是「勇氣號」拍攝的火星表面。

這就是海子山。她因海子眾多而得名，因山石漫山遍野而得名，面積達三千兩百八十七平方公里，有我們銅陵三個面積大。

這些數以億計的無生機的大小石頭和淺淺窄窄的海子鋪就的山原面，接近海拔五千米。它們來自何方？為何在此形成？我陷入了深深的沉思。

有人說這是一個古冰帽，是冰川遺留的產物。不錯，我承認，這裏到處都有古冰川的遺跡，如數量眾多的海子形成，它是冰川侵蝕所形成的冰蝕岩盆湖，從中也反映出古冰帽的厚重遼闊。

所謂冰帽，是指發育在和緩的高原面上的穹形突出的覆蓋性冰川，面積比冰原小，是大陸冰川和山谷冰川之間的一種過渡類型，冰流覆蓋著高原中部，邊緣有若干冰舌向山谷溢流。

古冰帽只是籠統地解釋這一地貌現象，我不滿意。在我詳細解釋這一地貌景觀之前，有幾個問題先提出來，只有帶著這些問題思考，我們才能理解海子山的來龍去脈：

1、海子山大大小小的石塊都是花崗岩，為什麼有些呈球狀風化，但同時也存在著一些有稜有角的石塊？

2、這些花崗岩是原產的，還是外來的？

3、這些花崗岩要麼集中乾乾淨淨地堆在一起，要麼散亂地分佈在高原面上，這是為什麼？

4、海子山與北面的兔子山中間為什麼存在一個大谷地，而谷底為何非常坦蕩，幾乎沒有石頭。

我的理解是：發生於幾千萬年前的喜馬拉雅造山運動，終於使印度板塊在經過長途跋涉之後撞上了歐亞板塊，古地中海消失了，從而結束了海子山一帶的汪洋大海。隨著地殼大幅度隆起，產生了大規模的斷裂和岩漿活動。今天我們所看到的海子山石頭前身——花崗岩岩漿從地下深處沿著裂隙乘機向上侵入，在距地表約三公里左右的地下，它們停止了向上的進攻，冷卻凝固結晶，形成地下巨大、巨厚的花崗岩岩體。

岩漿在冷卻結晶過程中體積要發生收縮，從而使岩體產生裂隙，而這一裂隙是朝著一定方向，很有規律的，我們又把它稱之為節理。花崗岩體往往會形成三組彼此近於垂直的三個方向節理，這樣整個地下花崗岩體就被切割成大大小小的近似立方體或長方體的塊體，這為形成今天地表花崗岩球狀風化的「石蛋」打下了基礎。

隨著地殼的不斷上升，埋藏在地下的花崗岩體開始上升，接近並顯露於地表。受地下水及地表外力作用的影響，從節理裂隙處開始了對花崗岩的風化侵蝕，而立方體的稜角處最易侵蝕，久而久之，稜角被磨平，立方體變成了球狀體「石蛋」。看來這海子山的石頭就來自本地，不是外來戶，因為其面積太大了，外力不可能有這麼大的力量送來這麼多的石頭。

沖出地表的花崗岩體，不斷地風化，由於受海子山的不均勻抬升影響，流水只能沿著垂直節理裂隙作不均勻下切，從而造成花崗岩塊受重力作用不斷崩落，一個個「石蛋」脫穎而出，滾落在大地上，形成不了孤峰、石柱。

當喜馬拉雅運動，把海子山送到平均海拔四千五百米時，第四紀地球寒冷的冰期來光顧了。高海拔的海子山自然一片冰天雪地，冰蓋籠罩在海子山上。巨厚的冰蓋在重力作用下開始了向四周運動，伴隨著冰蝕夷平面及冰川對山體花崗基岩的侵蝕，冰川偉大的搬運作用也開始了。搬運使這些「石蛋」分佈得更加均勻，範圍更加廣泛，這為今天海子山鋪天蓋地的大面積石海形成打下了基礎。而對面的「兔子」山體就不是花崗岩，冰川對它的作用，只是侵蝕，且多為縱向，形成冰蝕峰叢林，兔子的兩個耳朵就是遺留的冰蝕柱。

可見冰川的搬運此時只鍾情於花崗「石蛋」。冰川不僅能搬運，也存在侵蝕。在對花崗岩基岩的侵蝕過程中，又產生了新的有稜有角的石頭。巨大的冰川侵蝕也在海子山與兔子山之間形成了深深的冰川谷地。

當第四紀間冰期來臨，氣候轉暖，冰川融化，大量的洪水從高山流出，沖向河谷、河溝。借助於洪水的搬運，河谷、河溝在前期冰川搬運的基礎上，再次接收了來自高地上巨石的饋贈。洪水在山坡，在河谷流速快，它們把細小的砂粒沖得一乾二淨，從而使坡上、山頂上、河溝裏的石頭裸露，乾乾淨淨堆在一起，不混雜細小的砂粒。而在高原面上，水流緩慢，泥沙沉積，石頭像繁星一樣密密麻麻，呈冰川漂礫狀種植在大地上。

在冰期與間冰期的反覆作用下，海子山今天的面貌慢慢呈現出來。那為什麼在海子山與兔子山之間的冰川谷地裏沒有堆滿石頭呢？這是因為這裏沒有花崗岩體，在谷底及

石頭上，甲骨文般的低等植物曲線，似乎在書寫著什麼。

兩側的山上是完全不同於海子山的另類岩石，在整個地殼上升過程中，它是斷裂下陷的。二是谷地地形很深、很陡，無論是冰川，還是冰後流水都只能起搬運作用，不存在堆積作用，故谷底平坦，沒有冰川漂礫。

這就是我對海子山地貌景觀形成的粗淺認識。

滿山滿溝的石頭啊，風化仍在強烈作用著你的肌膚。你那體表一道道被撕裂的口子，無奈地對藍天張望著，似乎是在不停地吶喊傾訴；你那身上貼滿線條般的苔蘚、地衣等低等植物，無規則的曲線似甲骨文字，似乎在不斷書寫著遙遠的過去……

石頭，滿地滿山的石頭啊，你從遠古走來，只有那平靜柔情的藍色海子對你一往情深，陪伴著你從遠古一路走來，你那渾身上下散發的遠古氣息，你那看不懂的「文字」，一下子抓住了我的內心，讓我久久不能平靜，讓我不能不思索，讓我不能不穿越千萬年被遺忘的時光，去靠近你，去觸摸你遠古的脈搏，傾聽你遠古的呼喚，同時，也讓我深深感受著時間以及宇宙的浩渺空曠……

感謝海子山，你隨日升日落，仍默默守護著自己，讓遠古的自然奇觀長久地矗立在時光的岸邊，蠻荒中透著混沌，更迭變幻中保持著最原始的生命悸動和記憶資訊。惟如此，才能讓我準確地把握你，認識你，也讓我深刻地理解了這樣一句話：「一個人的心靈能走多遠，能飛多高，來到海子山，你會明白」。

我對海子山的探究和情感的昇華不正如此嗎？

我終於摸到了冰川

亞丁雪峰下的洛絨牛場。

亞丁村位居稻城縣域以南一百多公里，二十幾戶人家坐落在一個河谷的臺地上，海拔近三千九百米，我們當晚住宿在亞丁，主要是第二天要欣賞被當地藏民稱為神山的三座雪山——夏諾多吉峰、央邁勇峰、仙乃日峰，她們分別是金剛手菩薩、文殊菩薩、觀音菩薩的化身。

亞丁的美，在於沒有被外界過多的騷擾，沒有喧囂，只有寧靜。雪山、森林、草原、溪流、瀑布、寺廟、民宅一切都以最原始、最純真的狀態呈現在藍天白雲下。漫步亞丁，時間似乎靜止停頓，空間似乎返璞歸真。行走在棧道上，靜悄悄，沒有

稻城，又一個世外桃源。

落日把餘輝拋灑在夏諾多傑峰上，她像蝙蝠一樣向亞丁村款款飄來。

陽光掠過沖古寺屋頂和林子，在林中跳躍，佛一樣的仙乃日神山也沐浴在晨光中。

人打擾你，沒有人擁擠你，只有山林秋風與你擦肩而過，雪山與你對話，溪水與你相伴。

秋季是色彩的海洋，而秋季的亞丁，更是迷人浪漫，藍色的湖泊映襯著漫山遍野的金燦燦松林，把亞丁帶入了一個金色的童話世界。不同於西藏的大陸雪山，亞丁的三座雪山從森林裏沖出，與森林糾纏，與森林為伍，她們以不同的風格，共聚一地，更彰顯出亞丁獨特的魅力。

這就是亞丁，現代版的、不折不扣的世外桃源。

亞丁又被稱為最後的「香格里拉」，這是因為英國小說家希爾頓撰寫的《消失的地平線》和美國植物學家洛克對亞丁地區的描寫刊於美國《國家地理》，從而導致各地對「香格里拉」地名的爭奪，最終雲南中甸「搶注」成功，改名「香格里拉縣」，而亞丁所在的日瓦鄉則改名為「最後的香格里拉鄉」，這就是中國特色社會主義表現之一吧。

清晨，當和煦的陽光給雪山披上了一層金色的外衣時，我站在了海拔六千零三十二米的仙乃日雪峰腳下。空氣清冽得透亮，水聲風聲鳥啼聲，樹味草味泥土味，隨風而來。陽光穿過金色的雲杉林，在林中劃出一道耀眼的光帶。

抬頭仰望仙乃日峰，我覺得她的長相很特別，跟我所見到的所有雪峰不同，沒有那呈金字塔般直刺藍天的霸氣，而更像一位長者或一尊大佛端坐在蓮花台座上。那寬厚的

前面的吳儒敏老師、石縫中的野草、遠方的冰川都成了鼓舞我前進的動力。

臉龐和略顯臃腫的身軀顯得異常的和藹、慈祥，她似乎在默默地注視著，並護衛著芸芸眾生。

面對神山，我有一種衝動，她那與眾不同的長相，吸引著我一步一步地靠近她，直到人工鋪設的棧道消失殆盡。

此時，我和她之間就隔著一片雲杉林和灌木林，穿過這片林子就可以爬上雪峰前一片呈三角形略有足球場那麼大的亂石堆。一點也沒有猶豫，身子就已穿行在杉木林裏了。誰知穿過樹林，前面一人多高的灌木林卻荊棘叢生沒有道路。我用力不斷地揮舞著胳膊，撥開帶刺的荊條，貓著身子，在灌木叢中尋找著接近亂石堆的道路。在涉過灌木林中的一條小河後，我終於站在了亂石堆的邊緣。

在海拔四千米以上行走，是非常消耗體力的，況且剛才在穿越灌木林過程中已把我折磨得夠嗆。我本來的目的也就是到亂石堆停步，認識這亂石堆是如何形成的也就罷了。但抬頭一望，雪峰下亂石堆盡頭有一個小小的冰瀑布似乎就在眼前，估算一下，也不過兩百米左右。上還是不上？也就是那片刻的停頓。我只是覺得上次在米堆冰川，由於時間和體力的關係，沒有走到冰川最潔白、最純淨的地帶去觸摸她，已經留下了遺憾，而這次無論如何我也不能失去機會，最終，我走上了去手摸冰川的道路。

哪知道在亂石堆上向上攀登是非常費力氣的。這是一個近四十度的斜坡，坡面上亂石大大小小，凹凸不平，一腳踩下去，鬆散石頭時常下滑，隨時都有摔倒的危險。在這樣的路上不知攀了多久，似乎冰瀑布就在跟前，但就是到不了。隨著高度的上升，山風呼嘯，每走一步都氣喘得厲害，放棄嗎？這是不可能的，因為吳儒敏老師超過了我，已走在最前面，吳岱峰老師在下面也不斷地呼喚著我，更重要的是冰瀑布是越來越近，她那清秀的面容已逐漸的清晰可辨，這一切都成了我前行的動力。

勝利在望，回望山下。

大槽套著小槽的冰川侵蝕槽，槽壁十分光滑。

向上，再向上，放棄是非常可惜的，千萬不能退卻，我不斷地自我鼓勵。寒風中，從石頭縫裏偶爾鑽出的一簇簇生命綻放的野花也成了鼓舞我前進的動力。我一步步靠近冰川。我的策略是爬十步左右就休息一會兒，因為在此高度，稍微加快腳步，心跳就會明顯加快，反正我有足夠的時間。

高了，回首俯視，寬廣谷地一瀉千里，森林、溪水、亂石盡收眼底，谷地中那一汪湖水像一隻藍色的大眼睛在注視著我的行動；仰視，只見高空氣流受仙乃日雪峰的影響，表現出亂雲飛渡，在雪峰上空忽聚忽散，忽濃忽稀；平視，冰瀑布正以潔白的身軀歡迎著我的光臨。

近了，到了。經過近兩個小時在亂石堆的奮力拼搏，我們三個人終於走進了冰川世界。沒有疲勞，只有激動。到了跟前，我才發現，除去冰瀑布外，在她的東側還有一個小冰舌和一個較大的冰川侵蝕槽。這個小冰舌很有特點，夾在寬有一兩米左右的岩石裂縫裏，逐級而下，如白龍下山。而那個冰川侵蝕槽自上而下，是大槽套著小槽，槽子裏，有的光滑如鏡，手摸上去滑溜溜的，有的仍積滿冰川。在冰川侵蝕槽的末端還留有一個佈滿冰川的冰蝕小臺地。

這與我當年在喀納斯湖畔看到的冰川槽一模一樣，真有一種他鄉遇故知，老朋友重逢的感覺。所不同的是：喀納斯冰川槽裏已沒有了冰川，而這裏的冰川槽與冰川卻共生在一起。

此刻，我的身體已與冰川完全融為一體，我親吻她，擁抱她，躺在冰川的懷抱裏，零距離地觸摸她，我與冰川親密無間。

依依不捨地告別這兩個小精靈，我們來到了冰瀑布跟前，這真是一個絕美的冰雪世界，遠看一點都不起眼的灰濛濛的冰川瀑布到了跟前，竟如此的晶瑩剔透，透明到可以看到被冰川覆蓋在下面的小石頭及冰川融化而成的涓涓細流。這真是一個奇妙的景觀，融水不在冰川表面，竟在冰川下面融化流動。抬頭望十幾米高的峭壁上，冰川傾斜而下，以各種各樣的姿態凝固在那裏。自上而下，眾多的白色冰稜如同石鐘乳掛滿了冰瀑布；呈蜂窩狀的冰瀑布表面光滑潤澤，或似饅頭，或似玉石，從天而降，摸上去很有質感，讓你愛不釋手；那尚未完全融化的小冰塊，趴在岩壁上，展示出極富層裏的流線型身材。

一切都是那麼的完美，無法言說的完美。潔白是她的第一要素，人世間絕對找不到如此純淨，氣質高雅的結冰體。陽光投射在冰面上，潔白如玉，錯落有致的冰瀑布緩緩

疑是銀河落九天，是冰瀑布還是飛流直下時的暫態凝固，我有點暈，因為其上面沒有冰雪盆提供冰川來源。

地散發出淡淡的藍光。那滴答滴答，冰川融化的落水聲似乎在永無止境的演奏著生命的進行曲。

這就是冰川，這就是冰川的魅力，她居然驅逐了頭天晚上因高原反應使我頭痛難熬、徹夜未眠的疲勞，把我一步一步誘惑到她的身旁。她的魅力太強大了，真的不可抗拒。

最後，在惜別仙乃日雪峰時，有一個問題我想和好友吳儒敏老師及同行商榷一下。

雪峰下巨大的亂石堆，我認為不是倒石堆。因為如果是倒石堆，則石頭的分佈受重力作用應是上面細小，下面重大，而事實是該亂石堆是上面石頭大、下面石頭小。再有，亂石堆上的石頭很光滑，有明顯的長距離水流搬運痕跡，而如果是倒石堆，其上的石頭應該是稜角分明，因為它是山體就近崩塌的產物，石頭幾乎沒有磨損。更重要的是亂石堆上的石頭岩性與周圍岩性不一致，特別與它後面的斷岩面岩性不一致，斷岩面也提供不了這巨量的亂石。這一切都說明，亂石堆的「石料」不是原產地。

那這呈三角形並有一定坡面的亂石堆是如何形成的呢？

我認為應該是流水形成的沖積扇，不過不是在地表形成的沖積扇，而應是在巨厚冰川覆蓋下，所形成的冰下山前沖積扇。

冰川怎能形成沖積扇？而且還在冰下，這違背常識，豈不是笑話？

讓我大膽地展開一次猜想：幾百萬年前的第四紀寒冷冰期，仙乃日雪峰一帶及山中谷地裏充滿了上百米厚的冰川，強大的冰川運動力，侵蝕形成了山前的冰川湖珍珠海，並把冰磧物搬運到山下的沖古寺甚至更遠，沒有強大的冰川是做不到這點的。在仙乃日峰谷地及山前由於坡度大，冰川運動速度極快，不均勻運動導致內部裂隙增多。隨著間冰期的來臨，在冰川消融時，冰融水沿冰川裂隙滲入冰川下部，在冰川底部流動，冰下

只有巨大的冰川，才能形成如此大規模的羊背石

隧道逐漸侵蝕形成，久而久之，在冰川內部極有可能形成數條巨大的冰洞。

我這樣說是有證據的，君不見在亂石堆的右側即東邊不是存在一個狹長曲折、呈蛇形彎曲，兩壁陡直對稱，丘頂狹窄，延伸方向大致與冰川流向一致的一個冰下冰水砂礫堆積物嗎？沒有冰下隧道是沉積不了這種壟狀的並與冰川運動保持一致的冰水沉積物的。

同它一樣，我們腳下的亂石堆，則是由仙乃日雪峰冰川谷中，流速極快的巨大地下冰洞冰水所攜帶的大小不等的石塊，沖出山口形成了具有分選性的沖積扇。隨後氣溫的急劇上升，冰洞坍塌，覆蓋在沖積扇上的巨厚冰川，又再次侵蝕、搬運亂石堆，由於覆蓋其上的冰川厚薄不均，造成搬運、侵蝕的力度差異，故在亂石堆上造成波狀起伏，凹凸不平的地表特徵，但沖積扇的總格調沒有發生變化。

冰川完全融化，一個準沖積扇亂石堆呈現在我們面前，隨後在它右側的呈蛇形壟崗狀，冰水冰磧物失去了冰川的支撐，則發生了崩塌，形成的冰磧物倒石堆疊加在沖積扇東部邊緣，並有部分冰磧物充塞到東側的冰川槽中。崩塌面如刀切一般光滑平整，其下形成很深的溝槽。這一切面和深溝不是冰川侵蝕的結果，因為冰川已經完全融化，不見小小的冰川槽中已塞滿了冰磧物？這一面一溝只能靠崩塌作用來完成，至今崩塌面（切面）還是很新鮮的。

這是一個多麼宏偉的壯舉啊，是只有冰川和氣溫變化及重力作用相互結合，才能演繹出這波瀾壯闊史詩般的場景，製造出沖積扇——倒石堆這種複合式的亂石堆。

回到山下，站在珍珠海湖畔，再次回望我們三人拜訪過的亂石堆與冰瀑布，與大山相比，簡直不成比例，頂多如同樂山大佛大腳上的一個指甲。我們只不過觸摸了一下「觀音菩薩」的一個腳趾，但就這已經把我們折磨得夠嗆了。征服雪山，談何容易，在

回望仙乃日，與大山相比，我們拜訪的冰川竟如此的渺小，如同大佛的一個腳趾。

在冰川槽前的冰蝕臺地冰面上小憩一下。很明顯，岱峰身後冰川槽右邊的較大的冰川槽已被東側崩塌的蛇形冰磧物充塞佔領。

在圖的左邊，仙乃日雪峰腳下東側，很明顯有一個狹長曲折、呈蛇形彎曲，兩壁陡直對稱，丘頂狹窄的巨大冰下沉積物。其物質與周圍岩性不同，反映出當時冰川搬運力量多麼強大。

自然面前，人是太渺小了。

川西之行結束了。

川西，你是博大的，博大在你的跌宕起伏，浩瀚無邊；博大在你山谷中流淌的大小河流，那可是你在大地上流動的血液，可她們卻義無反顧地向一個方向、一個目標——長江奔去。儘管路途遙遠，險關重重，但仍百折不回，好一個遊牧民族不可征服的野性精神；

川西，你是醉人的，醉在秋色濃濃；醉在秋天滿山遍野的金色光澤；醉在溪水的頻送秋波；醉得我們好暈好眩，摸不清東南西北；

川西，你又是迷人的，迷在雪山連綿，牧歌穿越時空；迷在康巴漢子和丹巴美女的一往情深。

川西，你是我心中的香格里拉，不是最後，而是永遠。

領略高原景色　沐浴熱帶風光
——雲貴地區考察漫記

太陽落山後的大理蒼山洱海。

一九九八年的暑期，我有幸參加了省教科院組織的地理考察團，對中國的大西南雲貴地區進行了實地考察。短短的十幾天，我們一行二十四人，日夜兼程，縱橫數千千米，獲得了大量的感性材料。雖時間匆忙，但雲貴地區那獨特的山水景觀，風土人情，在我腦中留下了深深的印象，現予以追記，剖析，與讀者共用之、同研之。

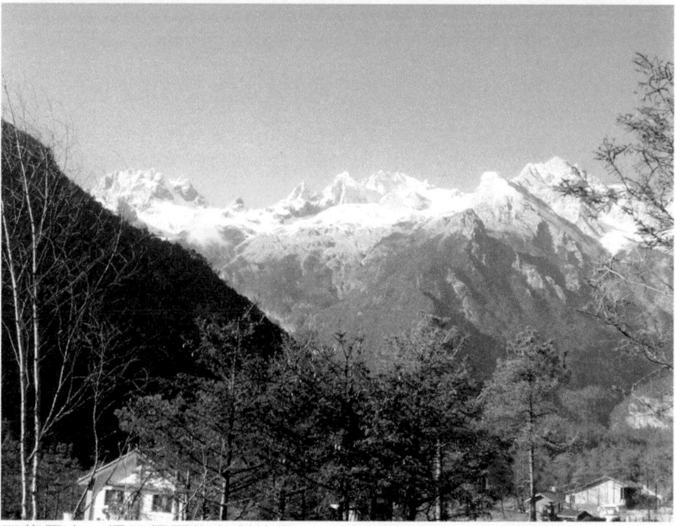

玉龍雪山，得天獨厚的有利位置——偏中國東部，北半球最靠近赤道的現代海洋冰川，對東部客源地，有很強的誘惑力。

獨特的高原景觀風貌

雲貴高原是中國四大高原之一，平均海拔一千至兩千米。在雲貴地區它佔據著貴州省全部和雲南省的東部。我們的考察線路先從東到西，再從北到南，既「橫」看又「豎」看，充分領略了高原的獨特風貌。

一、清涼的高原

我們出發時，正是江南七月流火，酷熱難熬，乘坐火車，如同進入烤箱，揮汗如雨。可是，一進入高原，頓覺涼爽，熱氣全消。在高原的日子裏，一點也感覺不到夏季的存在。據查，昆明市七月平均氣溫僅二十℃。整個城區見不到空調與電風扇，尤其是夜晚，涼意更濃，需蓋被入睡。此時，電話與家人聯繫，知江南熱浪滾滾，難以入寢，更歎「春城」名不虛傳。

盛夏，雲貴高原的氣候為何如此宜人？

一是地勢高。貴陽市海拔在一千零七十一米以上，昆明市海拔近一千九百米，按每上升一千米，氣溫下降六℃的理論值推算，氣溫應低於長江中下游平原六到十一℃。二是夏日多雨，對氣溫又起到了調節作用。雲貴地區的夏季，同時受到來自海洋的東南季風與西南季風的影響，空氣濕度大，氣流受高原地形的抬升，晴朗的天空，常會烏雲翻滾，瞬間，雨從天降。我們在野外就時常遭受暴雨的侵襲。

二、岩溶地貌的「海洋」

在高原，舉目四望，岩溶地貌比比皆是。地面，峰叢、孤峰、石芽、溶蝕窪地隨處可見；地下，溶洞幽深，洞內鐘乳石、石筍、石柱鋪天蓋地，千姿百態，栩栩如生。面對如此地貌景觀，你不能不感歎：雲貴高原真是個天然的「岩溶地貌博物館」。

1、秀哉，峰林、孤峰。在溶蝕谷地的平原，那些聳立的殘丘和孤峰，構成一組獨立的風景線，令人叫絕。它們小巧玲瓏，相對高度僅百米左右，幾乎垂直於地表，拔地而起，農田與建築物可一直逼到山腳下。它們有的呈圓柱狀，有的呈圓錐狀，還有的呈單斜狀，在農田與綠水的襯托下，愈發顯示出奇特、秀美，「小家碧玉」般的婀娜姿態。

2、壯哉，黃果樹大瀑布。該瀑布高七十四米，寬八十一米，氣勢磅礴，聲震數裏，它是中國第一大瀑布，也是岩溶作用的典型產物。大瀑布的半腰有一個橫穿瀑布長達一百三十四米的水簾洞隱匿其後，置身其內，萬頃瀑水從頭頂轟鳴而下，如銀河倒瀉，驚心動魄，異常壯觀。

3、奇哉，路南石林。這是一個高達數十米，排布如林的石芽組合。位居路南縣內，距昆明市約九十公里。站在制高點獅子峰上，眺望十六平方公里的石林景區，但見奇峰聚集，各呈異姿，蒼茫如海，蔚為壯觀。進入石林，如同迷宮，林海中，石階小道，忽高忽低，忽左忽右，把你引入由千奇百怪的石芽所構成的各種「特色」畫面。

高原上，岩溶地貌如此發育典型，是因為該地區分佈著大量的可溶性岩石——石灰岩。貴州省石灰岩分佈遍及全省百分之八十的地區，其厚度要占地層總厚度的百分之五十到百分之七十，雲南省情況也不相上下。其次，該地區在第三紀時屬熱帶多雨氣候，間歇性的新構造運動又造成了大量的褶皺和斷裂，從而增加了岩石的透水性。充沛的雨量，快速的水迴圈，使灰岩的溶解可以不間斷地進行。同時，熱帶氣溫高，化學反應快，植物分解的二氧化碳很多，分泌的有機酸也不少，所有這些都大大促進和加速了岩溶化的進程。

總之，物質基礎與外部條件的完美結合，造就了高原岩溶地貌的出類拔萃。

三、「地無三尺平」的高原

嚴格地說這一現象主要體現在雲貴高原的貴州高原，該地區海拔大部分在一千米左右，是一個明顯的岩溶山原。其特徵是高原面較破碎，起伏較大，相對高差大於三百米。極目遠望，群山連綿，此起彼伏；近觀，溝谷在腳下縱橫交錯，蜿蜒曲折。看那行駛的列車如同「節肢動物」在山的懷抱中蠕動。

這種殘缺不平的地表是由於新構造運動使高原上升的同時，大量的岩溶水不斷迴圈下切、溶蝕、侵蝕的結果。高原邊緣部分被切割成崇山峻嶺，著名的長江三峽亦由此而生。高原內部則多深邃的峽谷、幽深封閉的圓窪地、深陷的漏斗和落水洞等。

與貴州高原相比，雲南高原則是一個丘原。其特徵是高原面明顯，低崗緩丘，起伏平緩，相對高度一般大於兩百米，並為多厚層紅色風化殼所覆蓋，稱之為「紅色高原」。放眼望處，蒼茫大地，波狀起伏，伸向遠方的天際。

在雲貴高原上也有相對平坦的地區，這就是數量眾多，分佈極廣的壩子（盆地），僅雲南省一省一平方公里以上壩子就有一千四百四十二個。壩子，人口密集，是人類活動的重要場所，也是重要的農耕區，被稱為高原上的穀倉。

壩子的成因多種多樣：有斷層下陷所致，這類壩子面積較大，其中心往往有湖泊分佈，如昆明壩子有滇池；有河流侵蝕所致，這類壩子多沿高原的邊緣河流分佈，如貴州銅仁；有溶蝕所致，以滇東及貴州高原最常見，面積一般都較小，如雲南丘北、貴州貴陽。你如果有雅興，不妨登上貴陽市郊黔靈山最高峰，俯視群山環抱的貴陽市，你便更能感覺到這類壩子的特點。

無論何種原因的壩子，土地的利用都極為充分。水稻田精耕細作，連靠山坡不到五平方米的土地也闢為農田。壩子裏綠色的秧苗，沿著山坡到處蔓延，形成層層疊疊、連綿不斷的梯田。在陽光的照射不，不同高度、不同角度的水稻田反射出不同的耀眼光澤，波光粼粼，如同一幅幅濃厚的油畫，呈現出一派生機盎然的景象。山坡上雖土壤貧瘠，但玉米的生存能力極強，故在雲貴高原的山坡上到處是成片的玉米地。

迷人的熱帶風光

雲貴地區有一塊「翡翠」，這就是滇南的西雙版納，它距昆明市直線距離約四百公里。踏上版納的土地，吸引我們的是與內地迥然不同的植物。首府景洪市街道兩旁不是粗壯的油棕王樹，就是綴滿了椰子的筆直高大的椰子樹。漫步街頭，水果攤上堆滿了鳳梨、芒果、椰子、菠蘿蜜、柚子等熱帶水果。公路上不時地見到大象與汽車同行，所有這一切，都在明明白白地告訴你：這裏充滿了熱帶氣息。

一、熱帶雨林奇觀

在版納有中國目前僅存的一片原始熱帶雨林。過去，我只是在教科書上瞭解其特徵，在電視或畫報上觀其外貌。今天，走進它的腹地，才深深地感受到它是那樣的令人驚奇。這裏荊藤交織，古木參天，既有高達五、六十米的喬木，又有依地而生的低矮草本，中間夾著高矮不一的喬木、灌木，自然群落的層次異常分明。黑幽幽的大森林，既潮濕陰暗，又密不透風。那巨大的板根樹，板連著板，不成樹型。無數條懸垂扎地的支柱根，插地成幹，獨木成林。盤根錯節的氣生根，攀樹而上，最終喧賓奪主，形成絞殺樹。密如蛛網的藤蔓不知根在何處。還有會跳舞的草，能刻經文的貝葉棕，見血封喉的箭毒木，酸味變甜味的神祕果……這一切，如不身臨其境，你是無法感受雨林的神奇與韻味。密林中，還設有幾千米長的高架觀賞長廊，遊客可以從高空、樹上飽覽熱帶雨林風光，安全方便地觀看野象洗澡戲水的情景。

二、絢麗多姿的民族風情

版納又是一個多民族的大家庭，有傣族、布朗族、哈尼族、拉祜族、苗族、佤族、基諾族等眾多的少數民族。各民族多姿多彩的民俗風情風貌，在這裏得到了充分的自然流露，完全不同於都市裡建造的「民族村」，存在著人為包裝的痕跡。這裏從婚戀、服飾、髮式、禮俗到民居、節慶、宗教信仰、膳食都各具特色，帶有南國濃鬱風味的民族風采交匯在版納這塊土地上，更增添了版納的浪漫情調。

傣族，是這裏的主要民族。從外表看，男人與漢人幾乎沒什麼差別，而女人則不同，標誌明顯。服裝上色彩鮮豔，婦女挽髻於頂，略偏右後，喜用彩色大毛巾包頭，年輕人喜歡在髮髻上插朵花；上身緊束的短衣，刺繡精緻，有獨特的花色；下身著統裙，長及腳背，色濃質實；腰間多繫著銀質寬鍊帶；手中常帶一把折疊式的尼龍花傘。

傣族又是一個女人為「大」的社會，女人在家裏掌管著財權，決定著對外一切事務。當然，繁重的體力勞動又都落在女人身上，男人大多在家裏帶孩子、料理家務。在農貿市場上，我驚訝賣肉持刀的竟是清一色的傣族女子，在「趕擺」（集市貿易）時，男人只是把貨物運到市場，就三五成群地聚在一起閒聊，而女人們則忙忙碌碌，高聲叫賣。

結了婚的傣族男人享著「清福」，可未成年的男孩子日子並不好過。六、七歲時，男孩子必須離開家庭，削髮為僧，在寺廟裏學傣文、念經，過幾年清貧單調的僧侶生活，這樣，成人後才有社會地位。在寺前廟後，我們常常見到穿著袈裟的小和尚身影。在版納，小禪佛教為傣族信仰，佛寺廟塔很多，每一片土地似乎都輝映著金塔的光芒，佛教文化源遠流長。

傣族人的住宅多為兩層小樓，屋頂很陡，以利洩水，一樓是木柱林立（約十六—二十四根），四面空空，無牆壁，用來拴牲口和堆放糧食。距地面高度不到兩米的樓上則是生活起居之場所，設有天臺、外間和裏間。這種構造適應於熱帶地區悶熱而潮濕的環境，防止疾病和野獸侵襲。到傣族家做客，男人可不能隨便偷看女人臥室，否則，沒結婚的要留下來做女婿，結過婚的要做三年苦力。

一年中最隆重的節日是潑水節，這是傣族的新年，大約在清明後的十天左右。無論男女老少，無論親疏賓友，無論傣、漢、愛伲，五湖四海的人都可以互相潑水，相互祝福。竹樓上，馬路邊，逢人可潑，以免除疾病，消災去害，祈得風調雨順，五穀豐登。

三、熱帶農業掃描

西雙版納的太陽一年有兩次南北向經過頭頂，太陽高度大，熱量足，雨水多，這些極有利於農作物生長。農產品多為喜熱植物，水稻一年可以種三季，瓜果蔬菜隨種隨收，季季花開果熟，形成了特有的熱帶農業景觀。

在盆地平原中，種植著水稻與甘蔗，緩坡上是成片的鳳梨地，河谷坡地上是一棵又一棵木瓜、柚子、芭蕉、依蘭香等經濟林木。在八百米以下的低山丘陵地區，分佈最廣泛、最普遍的是橡膠樹。橡膠的大規模種植，得益於當地有利的自然條件：沒有颱風影響，寒潮不易侵入，且高溫多濕，土壤肥沃。在版納無論你走到哪裏，都可見到滿山遍野的橡膠園。與原始的熱帶雨林相比，它樹距規範，縱橫成行，排列有序。面對一望無際的橡膠園，你不能不感歎人的力量之偉大，更感激解放後的移民對邊疆的開發建設。但同時，這單一的經濟林是否隱藏著一定的生態災難，還需進一步的觀察。

四、「翡翠」從何而來

西雙版納地處北回歸線以南，其首府景洪為北緯二十二度。在地球上這一緯度地帶大多成了不毛之地，沙漠呈帶狀分佈，如西亞和北非。而西雙版納卻是鬱鬱蔥蔥，到處是奇花異草，鳥語花香的景象，亞洲象、孔雀、長臂猿、水鹿、印度野牛等在這裏「安居樂業」。

西雙版納的自然景觀為何與同緯度西亞、北非截然相反呢？這是因為影響當地的大氣環流為季風環流。季風改變了它的命運，奏響了生命的交響曲。每年五月到十月，來自印度洋的西南季風頻頻送來潮濕的海洋氣團，帶來充沛的雨水，形成了雨季，僅半年的降水量就抵我們銅陵全年的降水量。如此的降水，如此的熱量，豈不孕育出回歸線上的「綠寶石」？

有待解決的幾個問題

一、水土流失嚴重

在雲貴地區水土流失令人觸目驚心，瀾滄江、元江、紅水河、南盤江都是泥沙翻滾，成了紅色的河流，這是植被遭破壞帶來的後果。在西雙版納仍存在原始的刀耕火種生產方式，遠遠望處，佈滿森林的群山中，不時出現大塊的刀耕火種遺留的「禿地」，顯得很不協調。

這種不合理的土地利用和長期以來的濫墾濫伐，加以土地的結構較差，又多山地丘陵，勢必大大破壞了生態系統，因此一遇暴雨便引起程度不同的土壤侵蝕。在紅壤分佈區，廣泛存在片蝕和溝蝕，有的地方甚至成為難以利用的「劣地」。

為了控制水土流失，必須因地制宜，農、林、牧、副、漁合理配置；山、水、田、林綜合治理。該退耕還林或還草的，就實行還林還草。此外，還需改善土壤結構，以增強土壤本身的抗蝕力，提高保水、保土能力。

二、水利建設不容忽視

雲貴地區多岩溶地貌的特點，造成了地表水滲漏嚴重，地面常感覺缺水，具有乾旱特性。因此，雲貴地區必須加強水利建設，調整水迴圈和水徑流。我們看到雲貴地區一些水利設施，年久失修，資金投入不夠，這勢必削減防洪、防澇及抗旱能力，給農業生產帶來隱患。

三、促進旅遊消費熱點的形成

雲貴地區旅遊資源得天獨厚，無論是自然景觀還是人文景觀均豐富多彩，近幾年，我又多次赴雲貴地區，對這一要素有了更深切的體會。。要充分利用這些資源，發揮區域優勢，大力發展旅遊業，吸引八方來客，努力促進旅遊消費熱點的形成做大、做強旅

世界文化遺產麗江古城——中國古典音樂的「活化石」及活著的東巴象形文字。

遊業。這不僅增加收入，而且能帶動商業，飲食業、娛樂業、交通運輸業等一系列產業的發展；不僅能優化產業結構，而且能吸收大量勞動力，有利於增加就業崗位。

目前，雲貴地區的旅遊業的發展已進入遊、行、住、吃、購物一條龍組合式的鏈條形式。這種形式既方便遊客，也便於旅遊業的管理。問題是要提高服務質量，加強對導遊的素質教育。景點的組合，決不能以次充好，濫竽充數。那種千篇一律不尊重遊客意願，強行導購，把遊客送入商場的做法及商場內不文明推銷方式，都極易造成遊客反感，敗壞遊興。長此以往，這種只顧眼前利益的短期行為，勢必

麗江古城，城在水中，水在城中，小橋流水人家。玉龍雪山融化的清涼雪水，呈樹枝狀水系，穿城而過，滋潤著古城。

雲南撫仙湖，因斷層陷落溶蝕而成，湖水清澈見底，透明度極高，為一類水。湖北岸的澄江帽天山，記載並留下了五億三千多萬年前，寒武紀生命集中大爆發的壯觀場景。

使旅遊業的發展陷入困境。

因此，一定要從長遠的觀點來認識旅遊業，要努力挖掘旅遊資源的潛力，豐富旅遊消費內容，特別是要發展高層次的旅遊消費。利用雲貴地區少數民族多和特有的自然景觀，與多國交界等優勢，發展特色旅遊，包括文化旅遊，生態旅遊，探險旅遊，出境旅遊等。要改善現有的旅遊區的基礎設施，合理開發規劃旅遊資源。「民族村」的建立不能過多過濫，應少而精。要提高旅遊產品的質量，並開拓新的旅遊產品。這一切都需以質量作保證，站在遊客的角度，想遊客之所想，做到了這些，雲貴地區旅遊業的總體水平一定會邁上新的臺階。

泰國、柬埔寨兩國遊

二〇一一年的新春伊始，春回大地。兒子、兒媳為表孝心，他們新婚度蜜月，也邀請我們老兩口一同前往泰國、柬埔寨旅遊。此次外出，完全採用的是自助遊，簽證、行程、住宿、景點選擇等，一切都由兒子在網上搞定，可以說計畫周密，安排得井井有條。對網上「訂購」，我是門外漢，一點不懂，也插不上手，這也省了不少心，成了一個徹頭徹尾的享受者。

「泰國好玩嗎？」「柬埔寨有什麼可玩的？」我對兒子選擇的這兩個國家有點不解。「去了你就知道，泰國玩普吉島，她地處印度洋；柬埔寨有吳哥窟，是世界遺產。」電話裏兒子簡單地這樣告訴我。

普吉的五天

一、在路上

二月九日上午，帶著對兩國的憧憬和疑惑，我們乘東航的飛機從上海浦東機場出發，飛泰國曼谷再轉機到普吉，這比直飛普吉要便宜很多。兒子很會買機票，到曼谷的來回機票只要一千四百多元，太便宜了。約四個小時，飛機降落曼谷機場，出關、辦轉機手續，忙乎了一陣。我深深地感到：泰國真不愧為旅遊大國，就機場來說非常大，來自各國的遊客可謂人山人海，有點誇張地說，這機場就如同中國春節農民工回家的火車站，人聲鼎沸，進進出出。可見泰國的旅遊業之發達，國內穩定對其何其重要。

辦好手續，下午四點乘亞航的飛機到普吉，約一個小時，飛機降落在普吉機場。一出機場，網上聯繫好的司機就在門口迎接我們，廣場上鳥語花香，鳥兒飛來飛去，叫個不停。司機熱情地幫我們提行李，約四十五分鐘到了飯店。小倆口用英語同服務員交涉，很快我們就安定下來。

感想：泰國在東南亞算是一個富饒的國家，從飛機上鳥瞰曼谷郊外，農田整潔，水渠縱橫。公路上汽車來來往往很繁忙。有意思的是車都靠左行，駕駛員座位在車的右側。泰國人很友善，彬彬有禮，緩慢的節奏就如同泰國的時間比北京時間慢一個小時一樣。還有一點，自助遊最好懂點英語，這樣與當地人交流就很方便。相對來說普吉是個大島，在她周圍散佈著許多小島，她們位居馬來半島南端的西側，向西是遼闊的印度洋，向南便是著名的麻六甲海峽入口。普吉島非常寧靜、安詳，到處都是來自各國不同膚色的遊客，可以說是全世界人種的大聚會。

二、馬來半島玩漂流

一大早，就來了車接住宿在不同飯店的客人，參加共同的遊玩專案——漂流。汽車一直沿海邊公路向北開，過了一座大橋，汽車離開了普吉島，進入了馬來半島的山區，爬了約三個小時，到達了漂流的始發地。

馬來半島為熱帶季風性雨林氣候，山高林密，山谷中水量很大，也很急。來漂流的人很多，但多為歐美人。

對於漂流，在國內我也玩過幾次，但此次漂流屬於真正的漂流，可謂勇敢者的行動。每個人都戴頭盔、穿救生衣、拿劃槳，全副武裝，儼然像個專業運動員。乘著橡皮筏，在急流險灘中，忽高忽低，忽左忽右，非常驚險刺激，一瞬間，輕舟已過萬重山。可以說我們不是「漂」而是「沖」，一口氣沖了九公里。

漂流活動也是一個組合專案，來時路上，我們還觀光了散養的猴子。一座孤立的陡峭山崖，成了猴子的棲身之地。漫山遍野的猴子出沒其間，有大有小，在山下、在路邊，一點也不怕人。遊客們拿著購買的香蕉、花生餵猴子，真正實行了零距離親密接觸。回去路上，還有騎大象的活動，這是一次原汁原味的騎大象，在熱帶叢林中，沿著崎嶇的山路，騎著大象跋山涉水，充滿野味。

晚上，我們又看了一場反映泰國歷史文化的大型演出，非常精彩。

感想：什麼叫旅遊業？課堂上我講得頭頭是道，現在看來真是不痛不癢，浮光掠影。就來泰國的這一兩天，我就深深地體會到了：何謂旅遊？何謂旅遊業？一是要深度開發旅遊資源。就晚會來說，完全是個人造景觀，不就是有大象嗎？但泰國卻把「大象

騎坐大象，在熱帶叢林中跋山涉水。

文化」演繹得淋漓盡致，深度挖掘，劇院內外簡直是大象的天地。二是要組織有序。看演出時，每人必須把相機存放到前臺，我就擔心演出結束後，一千多人取回相機時，還不擠作一團？但我錯了，原來存放相機時，每人都發了不同顏色的牌子，取相機時憑牌子按顏色排隊分區索取，井然有序。很快，一千多架相機被遊客取走，可見考慮非常周到。三是要服務到位。進劇院找座位有人接待，出劇院有人指引，鼓掌歡送並敬禮。幾千人就餐的餐廳乾乾淨

孤獨的守望者——海蝕地貌。

淨，廁所是一塵不染，我特意用手摸了一些死角處，仍沒有一點灰塵。我難以理解，他們的敬業精神從何而來？

三、進駐陂陂島

這是一個美麗的島嶼，位居普吉的東南側，約兩個多小時的船程。之前，我們還去了普吉東側的黃帝島玩了一天，感覺很好，但和陂陂島相比遜色多了。要說泰國什麼給我印象最深，那就是陂陂島。她給我留下了最美好的回憶。

被「利斧」劈開而成的海灣。

「沙灘飯店」——在沙灘的大樹下，面朝大海就餐。

這裏有世界最美的島嶼、最美的海洋、最美的海灣、最美的海灘。

緊靠馬來半島西側的印度洋安達曼海，是一片遼闊的熱帶海洋，普吉及其他附近的島嶼就像天女散花一樣散落在這裏。驚奇的是這些島嶼不同於印度洋馬爾代夫的珊瑚島很低很平，而是一座座拔海而起的山地島。其特點是：島的四周多為高幾十米的懸崖峭壁，直插海底，船到跟前須仰望之，各種海蝕地貌清晰可見。山上森林茂密，鬱鬱蔥蔥，遠遠望去，一座座大大小小、形狀各異的陡峭高山島嶼聳立在海面上，如同越南下龍灣的「海上桂林」，但海水的顏色要遠遠勝過下龍灣。

普吉的海水實在太美了，我從沒見過這麼美的水！海水的美主要體現在透明度與色彩上。普吉每個島嶼的海邊，其海水的透明度均在十米以上，可清晰地看到海底各種形狀的珊瑚和各種各樣的熱帶魚，只要船一靠岸，就可看到各種各樣的熱帶魚遊來遊去，賞心悅目。與中國海濱相比，之所以有這樣的差別，是因為中國的海濱都依託著大陸，受大陸及河流入海的影響，海水就比較渾濁，透明度小。再說海水的色彩，隨著離海岸的距離不同，湛藍的海水呈條帶狀地、夢幻般地變換著色彩。這是受海水深度的影響，水越深，吸收太陽長波幅射越多，則反射太陽光的短波越強，顏色也就越青、越藍。普吉群島為島嶼式海濱，而且島嶼是直插水底，故沿岸海水都很深，水色自然湛藍清澈。

普吉的海灣就更有特色，懸崖峭壁的島嶼似乎被鬼斧神工的利斧從上到下劈開，形成一至兩個陡峭「海門」，海水就從這「門」裏伸進去，成為一個個不大不小的海灣。海灣的兩邊是直立的崖壁，正前方稍遠處便是鋪滿細沙的海灘。由於海灣只有一個「門」通向外海，故灣裏風平浪靜，餌料豐富，魚兒極為舒服，這可能是魚多得目不暇接的緣故。

至於普吉的海灘，不僅數量多，更在於海灘的沙子非常細軟，赤腳走在海水與沙子相「接吻」的線段上，受著微浪的衝擊，濕漉漉的，軟綿綿的，舒服極了。

這就是普吉的島，普吉的海，普吉的海灣與海灘，她匯集了海洋的一切之美。

我們下榻在陂陂島海灣一角的兩個小木屋裏，單家獨戶，背後是山崖，有猴子經常下山「騷擾」。木屋前面就是海濱沙灘，再幾米就是大海。我們在沙灘的大樹下用餐，在沙灘的躺椅上曬太陽，在海面上浮潛看魚。寧靜的夜晚躺在沙灘椅上，仰望滿天星斗，沐浴著清涼的海風，聽著輕盈的濤聲，這是真正的修身養性。我身邊的歐美人多數都在此住了二十多天，其中有一位老夫妻已連續十五年到此度假，真讓人羨慕，這才是生活。

我們在陂陂島海灘小木屋裏住了兩個晚上。白天，租一條小船遊附近各個小島，看海灣，走沙灘，下海游泳、浮潛和深潛；晚上，躺在沙灘椅上與大海作伴，一家人賞景聊天，其樂融融。

感想：在地球的一角，大自然奉獻了如此美麗的景色，如果你沒去，那是你的過錯，你會遺憾終身。

四、離島赴柬埔寨

這天上午，我們有些依依不捨地離開陂陂島，到了碼頭，看海面上魚兒很多，似乎在為我們送行。中午時分，船抵達普吉，司機已在等候。下船上車，直奔機場，一切都很方便。下午即到曼谷，辦轉機手續，晚上安全抵達柬埔寨的暹粒市機場，一出機場大門，就看到了網上聯繫的飯店免費派的司機已在等候我們。二十分鐘左右，便到了飯店。住宿很便宜，一個標間十八美元，而且免費上網、免費喝咖啡、免費喝棕糖水。

感想：網上只要把「功課」做好，一切就很順利。到機場、到飯店、轉車等都有車接送，且服務態度極好，不必煩惱，這比參加旅行社自由度大多了。在柬埔寨車靠右行，駕駛室在左側。想想還真有意思，兩個臨近的國家，自然條件類似，只是因為處於不同的國度，人為的一條國界，使一下飛機的我就見到了這樣的人文差異。

淹沒在熱帶叢林中的吳哥。

吳哥三日

一、吳哥贊

從廣義來說，洞里薩湖以北的範圍都稱作吳哥。暹粒市就坐落在湖的北岸，由該市向北十公里左右便是世界文化遺產——吳哥窟。對於吳哥，不看不知道，一看嚇一跳。我為亞洲曾有過如此燦爛的文明感到自豪！在吳哥的每一天，我都被她的氣勢、她的宏偉、她的博大、她的精湛強烈地震撼著。

首先是建築時間早，距今有一千多年。當時的吳哥王朝勢力強大，東到越南，西至孟加拉灣，即中南半島的大部分都在它的統治之下，所以才能有強盛的國力大興寺廟。

第二是建築的宏偉和氣派。在近一千平方公里的範圍內，有大大小小的寺廟六百餘座，平均每個寺廟占地面積有足球場那麼大。寺廟建築的材料全部採自四十公里外的山地砂岩，整個寺廟沒有木頭、沒有鐵釘、沒有砂漿，完全靠巨大的石塊壘成基座、臺階、長廊、護欄、屋頂、寶塔，然後再在上面進行雕塑創作。這是一個石頭的世界，石頭的藝術！說它「石窟」，有點詞不達意，因為它一點也不同於中國的四大石窟——開山鑿洞，依山而雕。

第三是充滿文化藝術的韻味。寺廟的建築風格既有反映印度教的，也有反映佛教的，還有二者融合的；寺廟的石雕內容也豐富多彩，有宗教神話傳說，有激烈的戰爭場面，有反映當時生活場景的。且雕刻手法高超，非常細膩，栩栩如生；場面壯觀，一千多米的長廊石牆上佈滿了一眼望不到頭的雕塑。走進任何一座寺廟，滿眼都是石雕，鋪天蓋地。在小吳哥寺，光「舞女」就雕了一千八百多個。這是古代的美女啊，個個形體優美。

被護城河環繞的小吳哥。

面向四方的高棉微笑，傳遞出東方人的思想——大千世界，以和為貴。

古樹與寺廟的糾纏——不堪重負。

優美的集體舞。

第四具有歷史的滄桑感。吳哥文明形成於九—十二世紀，也正是因為修建龐大的吳哥寺廟群，使之消耗了大量物力、人力，加之生態惡化，最終使吳哥王朝敗於古暹羅國（今泰國），被迫遷都於今天的金邊。它們，這一大片石頭建築群不知不覺淹沒於茫茫的熱帶叢林之中，沉睡了近千年。吳哥文明被拋棄了，被人們遺忘了，直到近代被一位法國人所發現，才使之重現於世。歷經千年的日曬雨淋、生物侵蝕，今天的吳哥寺廟，大多已崩落坍塌，院子裏到處都是成堆的大石頭，雜草叢生，滿目瘡痍，傷痕累累。更令人驚奇的是，落在石縫裏樹種子，如今已長成幾十米高的參天大樹，巨大的氣生根，見縫就鑽，到處生長，縱橫交錯，緊緊地裹住寺廟。古樹與古廟的糾纏正在不斷地撕裂著古廟，給人產生無限的遐想……

遊吳哥很方便，上海有飛機直達暹粒市。我們在吳哥玩了三天，門票一共四十美元。如果你體力好，玩一天的門票只要二十美元，不受限制地你願意看多少寺廟就看多少。

感想：玩吳哥需租一個車，不同的車型有不同的價，改裝的摩托四輪「嘟嘟車」租一天十五美元，可乘四個人。司機陪著你，根據玩的天數，按你們共同設計的線路，遊覽各個寺廟。

世界遺產是全人類的寶貴財富。為挽救吳哥文明，在聯合國組織下，各國都派出了專業的古建築修復專家隊伍，分工協助，夜以繼日地在搶修各自分配的吳哥寺廟，中國也不例外，也派出了專家施工隊伍。

我的體會是：吳哥寺廟眾多，可重點選擇幾處遊覽。一是小吳哥，為印度教風格，宗教神壇遺址。該寺建築莊嚴勻稱，比例協調，無論是建築技巧還是雕刻藝術，都達到了極高水準。該寺廟中心高達五六十米的代表性建築五個石塔，已成為柬埔寨國旗的圖案。二是吳哥通王城，也稱大吳哥。該城占地面積最大，石條壘成的城門上方東南西北各雕有一個巨型人頭像，通向城門的護城河大橋也蔚為壯觀。城內有氣勢宏偉的「戰象平臺」。有聳立著四十九個寺塔，每個寺塔頂部東、南、西、北各雕有巨大的不同表情的四個人頭石像面孔，慈祥的笑臉被稱作「高棉的微笑」的巴揚寺。該寺石塔高大，人頭像不僅數量多，而且巨大，他們看上去端莊、安詳，嘴角之間露出似笑非笑的神情，低垂的目光彷彿注視著芸芸眾生。迴廊的石壁上，浮雕內容也極為豐富，通俗易懂，充滿生活氣息和活力。三是週邊的達布隆寺和涅班寺。前者寺廟古樹頗多，粗壯的發亮的氣生根四處伸展蔓延，或橫跨騎壓在長廊頂上，或盤繞在屋簷上，或緊緊縛住窗臺、裏

陡峭的寺廟使人對「神」須仰望之。

住石柱，古樹與古蹟的糾纏，在這裏得到了集中的釋放。後者涅班寺的建築與當地的水域巧妙結合，很有獨特性。

最後，我還要說說柬埔寨人。儘管他們很窮，特別是農村，吊腳的木板房，不用門鎖，因為室內除了一個吊吊床，幾乎沒有什麼值錢的東西，家徒四壁，空空如也。但柬埔寨人很淳樸、很溫順，對人非常友好，可以說是我見過的世界上最善良的人，他們也最愛恨分明，「紅色高棉」留給了他們最痛苦的回憶，他們稱紅色高棉為「紅色魔鬼」。如此善良淳樸的人，怎麼能夠遭受戰爭的蹂躪？波爾布特已成為遙遠的過去，和平的陽光已普照這裏十多年了，這裏自然條件又如此之好，他們不應該貧窮。相信，他

宴請。

們會走向富裕的。我衷心地祈禱著！

二、返回家鄉

二月十七日，結束了對吳哥的遊覽，於中午乘機返回到曼谷停留一夜。期間，我們參觀了金碧輝煌的大皇宮，感受了佛教文化的魅力，同時，也感受了曼谷城市的堵車之痛，更感受了曼谷城市貧富差距之大，既有摩天大樓，豪華別墅，也有大片大片的建在臭水橫流上的貧民窟。二月十八日下午，我們乘東航的飛機，從曼谷起飛，晚上回到了家鄉的懷抱——上海浦東國際機場，結束了這次愉快的旅遊。

快樂的猴子。

古代美女。

大象澆水淨身，力戰惡魔平安。

各國專家在夜以繼日的搶修。

重上銅官山

二十多年前，我剛到一中當教師的時候，參加初二年級的春遊，登了一次銅官山。從那以後，對銅官山就多了一份思念，因為她是市區最高的山，在全國還沒有哪個城市的城區有海拔四百九十三米的高山，這也就是她吸引我的魅力所在。總渴望著有機會再攀登一次，從高空俯視我們這個城市的發展。但由於種種原因，這個願望始終難以實現。

願望的種子只要存在，她總有一天會萌發，會破土而出。不是嗎？今天一起床，看天氣不錯，不能再猶豫了，「上山去！」

說是容易，但真要上山就不是一件容易的事。憑著對二十多年前上山路線的記憶，我來到了位於銅官山西北坡的平頂山村。銅官山主峰離我是越來越近，但到了山腳下，我愣住了：找不到一條通向山頂的路。二十多年前可不是這樣啊，那時有一條清晰的山路直達山頂，一個年級六個班，兩百多人呼啦一下就衝到了山頂。

如今，事過境遷，誰還願意吃這個苦。春遊，由於種種原因，已遠離學生而去。眼前，這無路可循的山體，正好驗證了一句名言：世上本沒有路，走的人多了，便成了路。反過來說，即使有路，如長時間人不走，路也會自然退化。

既來之，則行之，只好硬著頭皮，尋找一條似路非路的山路向上攀登。這哪裏是

最後我終於找到了最好的下山路線。

路？真是一條灌木、叢林、荊棘、亂石密佈的「路」，走著走著路就消失了，實在無法前進，被迫退回，重新選擇。就這樣來來回回折騰了幾次，不僅使人喪氣，更重要的是對人信心的打擊。難道就這樣無功而返，帶著遺憾回家？

不行，一定要上去！振作精神，看好山勢，選擇一條依稀可辨的山路重新攀登。幸好，出發時我帶了一根棍子。靠著它披荊斬棘，殺開一條「血路」。我就像「鑽山豹」一樣，在荊棘中，在樹叢中，鑽來鑽去。好不容易到了山腰，已是大汗淋漓，刺破的手臉被汗水浸透著，隱隱作痛。口渴、無力，每前進一米都要付出血的代價，而看似近在

銅官山頂立有一塊供測量的小石碑。

眼前的峰頂似乎就是無法靠近，這一切，都在不斷地摧毀著我的意志。我已是騎虎難下，無路可退。看山下蜿蜒在青山間的店門口至碎石嶺的公路，如同一條玉帶，這美感給我帶來一絲欣慰，一份收穫，也帶來了一份力量。無限風光在險峰，堅持就是勝利。靠著它，我向峰頂發起了最後衝擊。

經過了兩個多小時的奮力拼搏，終於登頂成功。代價是手上、臉上、額頭上全是血跡斑斑。結論是：沒路的山且荊棘叢生、佈滿盤根錯節的亂石林，是既陰森又可怕，哪怕再不高，孤單一人，千萬不要輕易攀登。

山頂有一塊被人處理過的小平地。我在此眺望長江，俯視市區。遺憾的是一片霧濛濛，沒有我想像的那麼好，遠不如二十多年前的市區，清晰可辨。

在山頂休息片刻，立馬下山。下山可不能走回頭路，也沒有路。幸虧，在山頂我發現了有兩條下山的路。一條在南坡，一條在東坡。究竟選擇哪條路？我只好對兩條路各走一段進行考察，發現南坡路不行，越走荊棘越多，太可怕了。返回山頂走東坡路下山，不一會看到沿途路邊一些廢棄的塑膠袋和飲水瓶，說明有人從這走過。路，選對了。

這下山，雖說有路，但太陡了，估計有四十五度。某些路段不拽住樹枝就要滾下山去，而且這山路還特別長。就這樣，花的力氣並不比上山少，也用了近兩個小時才平安地到達山腳下——銅官山銅礦炸藥庫原址廢墟地。由此，手拿棍棒，一路狂奔，出銅礦廠區，進友好新村，來到市區。

銅陵西南徒步考

二〇〇六年三月十二日，一個初春的星期天，天氣很冷，不甘退出大陸舞臺的冬季風又一次反撲，似乎又把我們拉回到剛過去不久的冬天。但久憋在心中徒步外出的衝動，還是戰勝了這寒冷的天氣。我的行走路線是：乘一路車至白鶴開始步行——沿銅都大道—大橋東門—銅青公路—蟠龍—天目湖缸窯村。整個步行路程約二十五公里，有點透支，感到疲勞。

中途，中午時分，老婆打來電話：「坐車回來吧，聞到紅燒肉的味道了嗎？」太誘人了，但我抵擋住了誘惑，我的既定目標沒達到，豈能放棄？紅燒肉算什麼？紅燒肉阻擋不了我前進的步伐！儘管中餐是冷水拌麵包。最大的問題是天目湖在哪裏？由於稱呼不同，當地人並不十分清楚，問了一個又一個人，「在前面」，「還在前面」。要知道天色已晚，我已是筋疲力盡，實在走不動了。但意志支撐著我，不達目的，誓不甘休。

沿途的困難不是道路的泥濘，最驚險的是在接近湖邊的缸窯村尾時，路邊突然衝出一條肥大的狼狗擋住了去路，對我狂叫，緊跟著又衝出兩條狼狗，叫聲一片。狗仗勢眾，其中一條特別勇敢，向我直衝過來，幸好，在距我前面一米多處停了下來，狂叫不停。沒有思想準備，沒有人出來阻擋，孤立無援的我，叫天天不應，叫地地不靈。恐懼，絕對的恐懼，使我忘記用相機拍下這難忘的一幕。在雙方的僵持中，我被迫退卻

燒窯的煙火雖已熄滅，但缸窯村名稱依舊，村子裏到處是廢棄的碎缸。

了，留下了沒有親嘗湖水的遺憾。

沿途我看到了銅都大道的美麗，看到了正在建設的銅九鐵路和銅黃高速公路，看到了農民的別墅式住宅，看到了天目湖的煙波浩渺，看到了蕭條的缸窯村和已成為遺跡的燒缸的窯。當然，更看到了三個水泥廠對青山綠水的破壞，看到了由於決策失誤，已在風雨飄搖中度過了七、八個年頭的「銅百度假村」的一堆廢墟。

我還看到了……

廢物利用——缸構廁所。

雪花的品質

如果我的記憶沒有發生故障，剛剛過去的冬天，一共下了三場雪。還沒有充分體會冬天的味道，春天已悄然來臨，看來今年的賞雪到此結束了，我不禁有點惆悵。我愛雪，是因為雪花的品質。

雪花的品質是不張揚的。你看，她的到來總是那麼悄然無聲，讓你不知不覺。不是嗎？當你經過一夜的沉睡，早起忽然看到窗外一片白茫茫，該是多麼的驚喜；當你在辦公室埋頭伏案工作時，抬頭忽見窗外雪花飄飄，你不禁脫口而出「啊，下雪了！」她就是這樣，來到這個世界，從不通知，從不聲張，從不炫耀，飄然而至，無聲無息。不像降雨，「嘩啦啦」，總是在半夜裏把你吵醒，生怕人們不知道她的到來。

雪花的品質是奉獻的。她靜靜地從天而降，默默地覆蓋著大地、莊稼，給人們帶來清新的空氣，保護著幼苗。當她的生命臨近結束時，又融化成涓涓細流，滋潤著大地，為幼苗提供甘甜的乳汁，當滿足了所有的需要時，她又毫不猶豫地把僅剩的一點又完全補給給河流。她就是這樣，通過奉獻，悄然地離去，不留下任何痕跡。

雪花的品質是誠實的。她是那樣的潔白，容不得半點污垢，只要有一點點髒，她就暴露出來，從不遮掩。她就是這樣，袒露胸懷，從不文過飾非。

雪花的品質是有原則的。無論天氣怎麼變化，也無論大氣有多麼污染，「六角形」始終是她不變的形狀。她就是這樣，沒有奴才相，這麼有骨氣，不向任何勢力屈服。

雪花的品質是樸實無華的。沒有鮮豔的色彩，不需要任何包裝，潔白是她的第一要素。她就是這樣，一個原原本本、原汁原味、真實的我。

雪花的品質……

我暢想，人類社會要是人人都具有雪花的品質，那該是多麼美好。但遺憾的是，在物慾橫流的社會，人們的價值取向已是多元化。不是嗎？君不見，冬天已不像冬天，下雪已是很稀奇的事了，雪量是越來越小，雪花是越來越少，「大雪封山」已成為遙遠的記憶。這是否是自然向人類社會發出的冥冥之音，一種暗示？

快樂者的步行

我喜歡步行，常利用閒暇日，用自己的雙腳東西南北地「丈量」著銅陵大地，感受著來自大自然的各種資訊。不過，你也許看出來了，我不喜歡在城市步行。這裏太喧囂、太浮躁，是各種污染的匯集地，除了人便是人造的事物。我喜歡到鄉村，到原野，到人跡罕至的地方。累了，找一片草地躺著，仰望天空，微風拂面，聽鳥兒歡叫、松濤陣陣，一個人靜靜地享受大自然的恩賜，這是多麼的愜意。

我有一個夢想：等老了，無事可幹了，如果身體許可，我將背上行囊，浪跡天涯。因為越是純自然的地方，越是我嚮往之地。

我曾獨自一人長途顛簸，闖入長白山原始森林腹地一、兩公里，手中的一把小刀成為我自我安慰的防身武器。夜晚，棲息在附近農民家的小炕上，驚喜自己的勇氣和戰勝孤獨的感覺。

我曾拜倒在黃果樹瀑布下，被她的氣勢所震撼。在平緩的河床上，她是那樣的溫順，默默地流淌著，毫不張揚，似乎在靜靜地等待、積蓄，只有到了此時此地，她才把平生集聚的力量爆發出來，顯示出她不平凡的威力。她是靠縱身一躍，毀滅自己，獲得鳳凰涅槃般的新生啊！面對飛流直下、聲如巨雷、放蕩不羈的瀑布，你的心靈難道不被淨化？

我曾策馬揚鞭，奔馳在青海湖邊的草原上。那藍天，那白雲，那自由翱翔的蒼鷹，那茫茫無際的原野，遠處的群山……這一切，都在昭示著你，你不禁放聲高歌，人的心胸應該如此這般。

我曾經對黃山松肅然起敬：她的幹，她的枝，她的皮，她的葉，在如此惡劣的環境下竟能頑強地生長，並與眾不同——鐵骨錚錚，好似一幅鐵畫。是人，不就應當具備這「黃山松」的精神嗎？

我曾經……

我喜歡徒步，這不僅強身健體，更重要的是能細細品味大自然免費提供的啟迪，帶來精神的愉悅、情感的昇華。

畢業三十年同學聚會前夕有感

又是一個十二月十四號，這真是一個巧合，十年前的今天，我們相會在合肥科大，那是畢業二十年的相聚。火一般的熱情，無盡的敘述，纏綿著我們、燃燒著我們，度過了十年中的歲歲月月。而今已近花甲之年的我們，青春已不在，三十年的再次相聚，她一下觸動我內心深處，不能不感歎，不能不打開情感的閘門，讓其緩緩的流淌……感謝組織者，感謝七七級班委會，這戰鬥的堡壘經過了三十年仍然火力不減，雄風依然，希望永遠，永遠，永不消失。

你我已不是三十年前的你我，歲月無情，時光已讓我們漸漸變老，但不變的是三十年前那點點滴滴深入我們骨髓的同窗的情誼，歷歷在目，並仍在繼續發酵。

在教室裏，在野外實習地——在黃山，在廬山，在灣址，在巢縣，在宿舍裏，在運動場上，在節日聚餐中……友情，那兄弟之情，姐妹之情，兄妹之情，姐弟之情，似看不見的空氣，就在生活、學習的歷練中慢慢地滲入了我們的肺部，繼而隨著血液遍佈全身。

這情誼包含著幫助、支援，但更包含著寬恕、諒解、理解。沒有虛偽，只有真誠；沒有雜質，只有純潔，彌足珍貴。

這情誼竟是如此的堅固，以致時間的流失，不僅沒被沖淡，反而是如同陳年老酒，越來越濃，醇香甘甜。

這情誼又像鏈條一樣連接著你我，儘管距離遙遠，但這友情的鏈條，像食物鏈一樣把我們捆在一起，聯繫在一起。

這情誼就是財富，花錢買不來，富比士也無法排名。人生難得這美好的友情記憶，最浪漫的事，莫過於就是讓這美好的記憶伴隨著我們慢慢變老，豈不痛哉！

悄然回首三十年，看雄關漫道——

前十年，成家立業，相夫教子，打拼天下，傷痕累累，看山是山，看水是水；再十年，心靜如水，從容淡定，笑談名利，瀟瀟灑灑，看山不是山，看水不是水；後十年，兩鬢斑白，心平耳順，孫兒繞膝，強身健體，看山還是山，看水還是水。

再過三十年，我們老來再相會。紅紅的夕陽下，你一杯，我一杯，不亦樂乎？

二〇一二年十二月十四日

閱盡山河教後生
——讀《漫行》有感

如果你曾經因為讀金庸而狂想過做一大俠浪跡江湖，那麼你也一定會因為讀章小明先生的《漫行》而渴望成一地理人勇闖天涯。

章先生是個五〇後，體型微胖而言行敏捷，頭髮灰白而笑容純真。章先生無意仕途，幾十年鍾情於地理教學和研究，學術造詣精深，深得包括我在內的一大批地理人的崇敬。最可貴的是章先生有顆「奔騰的心」，（巧合的是他的車子也是一汽奔騰）常常帶著地理的問題率性奔向大自然，縱然經歷艱難險阻，卻始終激情高亢，遇美景而歌，覽名勝而錄，筆耕不綴而成《漫行》。

我是個七〇後，因為同樣酷愛地理而與先生成為忘年交，有幸提前閱讀《漫行》。第一感覺是字裏行間充滿著曠野的召喚，處處激發我們遠遊的夢想。一段時間裏，在每天時鐘一樣機械的朝五晚九之後，我會借助《漫行》將思緒的鼻子伸到西藏、北疆、川西、青海……去呼吸、享受那自由、清新、明亮的氣息。《漫行》行文真切而躍動，讀之如聽如同面對面聽章先生神情飛揚的演說。章先生用親生經歷告訴我們：在承受了太多的城市喧囂、霧霾之後，帶上一點點渴望出行，或者在出行的夢想裏與大自然來個精神約會，是我們不能抵抗的本能。

《漫行》充滿著生活的智慧，但更充盈的是對地理學習方式的重構和驗證。章先生是地理特級教師，深諳當前中學地理教學之弊端：為應試而教學的地理日益成為「走不出書本、走不進大自然」的地理，學生甚至很多地理教師雖然明白了許多地理道理，但卻遠離了更多的地理真相。因此在我看來，《漫行》不是簡單的個人遊記，而是極好的地理考察案例，是淡化了教育痕跡的地理教學指導書。有地理心的人特別是教師讀之，不僅可以學習到野外地理觀察的方法，還可以領悟地理教學的最高境界：將真實的地理環境作為地理學習的課堂。

《漫行》歸根到底印證了一句名言：為什麼去登山？因為山在那裏！

安徽省教育科學研究院　吴儒敏

二〇一三年元月

新銳生活06 PE0047

新銳文創
INDEPENDENT & UNIQUE

地理老師的私房旅行路線
——漫行中國大西部

作　　者　章小明
責任編輯　劉　瑛
圖文排版　陳姿廷
封面設計　秦禎翊

出版策劃　新銳文創
發 行 人　宋政坤
法律顧問　毛國樑　律師
製作發行　秀威資訊科技股份有限公司
114 台北市內湖區瑞光路76巷65號1樓
電話：+886-2-2796-3638　傳真：+886-2-2796-1377
服務信箱：service@showwe.com.tw
http://www.showwe.com.tw
郵政劃撥　19563868　戶名：秀威資訊科技股份有限公司
展售門市　國家書店【松江門市】
104 台北市中山區松江路209號1樓
電話：+886-2-2518-0207　傳真：+886-2-2518-0778
網路訂購　秀威網路書店：http://www.bodbooks.com.tw
國家網路書店：http://www.govbooks.com.tw

出版日期　2013年6月　BOD一版
定　　價　370元

Printed in Taiwan

國家圖書館出版品預行編目

地理老師的私房旅行路線：漫行中國大西部 / 章小明著. -- 一版. -- 臺北市：新銳文創, 2013.06
面；公分. -- (新銳生活06；PE0047)
BOD版
ISBN 978-986-5915-86-5 (平裝)

1. 遊記 2. 中國

690 102010410

讀者回函卡

感謝您購買本書，為提升服務品質，請填妥以下資料，將讀者回函卡直接寄回或傳真本公司，收到您的寶貴意見後，我們會收藏記錄及檢討，謝謝！如您需要了解本公司最新出版書目、購書優惠或企劃活動，歡迎您上網查詢或下載相關資料：http:// www.showwe.com.tw

您購買的書名：______________________________

出生日期：________年________月________日

學歷：□高中（含）以下　□大專　□研究所（含）以上

職業：□製造業　□金融業　□資訊業　□軍警　□傳播業　□自由業

□服務業　□公務員　□教職　□學生　□家管　□其它_____

購書地點：□網路書店　□實體書店　□書展　□郵購　□贈閱　□其他

您從何得知本書的消息？

□網路書店　□實體書店　□網路搜尋　□電子報　□書訊　□雜誌

□傳播媒體　□親友推薦　□網站推薦　□部落格　□其他__________

您對本書的評價：（請填代號　1.非常滿意　2.滿意　3.尚可　4.再改進）

封面設計____　版面編排____　內容____　文／譯筆____　價格____

讀完書後您覺得：

□很有收穫　□有收穫　□收穫不多　□沒收穫

對我們的建議：______________________________

____

____

____

請貼
郵票

11466
台北市內湖區瑞光路 76 巷 65 號 1 樓
秀威資訊科技股份有限公司 收
BOD 數位出版事業部

....

（請沿線對折寄回，謝謝！）

姓　　名：＿＿＿＿＿＿＿＿　年齡：＿＿＿＿　性別：□女　□男

郵遞區號：□□□□□

地　　址：＿＿＿＿＿＿＿＿＿＿＿＿＿＿＿＿＿＿

聯絡電話：(日)＿＿＿＿＿＿＿＿　(夜)＿＿＿＿＿＿＿＿

E-mail：＿＿＿＿＿＿＿＿＿＿＿＿＿＿＿＿＿＿